# ሓራ ምዃን፤ ናጻ ምዃን!

ሕሩይ ግጥሚታት

# ሓራ ምኻን፤
# ናጻ ምኻን!

ሕሩይ ግጥሚታት

ኤፍረም ሃብተጽዮን

ኣሕተምቲ ሕድሪ
ኣስመራ 2022

ኣሕተምቲ ሕድሪ
178 ጐደና ተጋደልቲ
ቍ.ገዛ 35
ቍ.ሳ.ጶ. 1081
ተሌ. 291-1-126177 ወይ 291-1-114526
ፋክስ 291-1-125630
ኣስመራ፡ ኤርትራ

ኣከፋፋሊ፡ ኣብያተ-መጽሓፍ ኣውገት
ተሌ. 291-1-124190
ፋክስ 291-1-122359
ቍ.ሳ.ጶ. 1081
ኣስመራ፡ ኤርትራ።



ንድፊ መጽሓፍን ገበርን፤ ሪታ ብርሃነ
ናይ ገበር ስእሊ (ብካሜራ)፤ ኤፍረም ሃብተጽዮን

ኣድራሻ ደራሲ፤
ኣስመራ፡ ኤርትራ
ቍ.ሳ.ጶ. 1081
e-mail: wedighede2020@gmail.com
Facebook - Efrem Ghede

ISBN - 978-99948-0-177-0

# ምስጋና

ብዘይ ወሳኒ ተራ ብጾት፡ ፈተውቲ፡ ኣዕሩኽ. . . ነዚ መጽሓፍ ከሕትም ኣይምደፈርኩን። ዝተፈላለየ ርእይቶ ክወሃበኒ ካብ ዘሎኒ ድሌት፡ ነዚ ዕዮ ንዝተፈላለዩ ሰባት ሂበዮም፣ ሃናጺ ርእይቶኦምን ሞያዊ ነቐፌታኦምን ከኣ ተቐቢለ። እቲ ዝተዋህበኒ ርእይቶን መልሰ-ግብሪን መመሊሰ ንኽሰርሕ ዝዕድም ወይ ዘገድድ እዩ ነይሩ። ብዝተፈላለየ መንገዲ ንዝሓገዙኒ ኩላቶም ካብ ልቢ ኣመስግኖም።

ግድን ክጥቀሱ ዘለዎም ሰባት ግን ኣለዉ። ኣበርክቶኦም ልዑልን ወሳኒን እዩ'ሞ፡ ክጠቕሶም እንከለኹ ምስ ክብ ዝበለ ኣኽብሮትን ልባዊ ምስጋናን እየ። ሳምሶም ብርሃነ፡ ኣማኑኤል በርሀ፡ ግርማይ ኣብርሃም፡ ተስፊት ሓጐስን ሳሙኤል ገብረብርሃንን ነዚ ዕዮ ድርብ ሳዕ ኣንቢቦም ኣገዳሲ ርእይቶን ሓሳብን ሂቦምኒ። ስለቲ ብቐሊሉ ዘይትመን ሞያዊ ኣበርክቶኦም፣

ዘመንፈስ ሃይለ፡ ዮናስ ገብረህይወት፡ ኢሳቕ ክፍላይ፡ ነዚ ግጥሚታት ኣንቢቦም ሃናጺ ርእይቶ ስለ ዝሃቡኒ፣ መሳርሕተይ ሳባ ተኽለ ንገለ ካብዞም ግጥሚታት ኣብ ምጽሓፍን ምጽፋፍን ኣገዳሲ ኣበርክቶ ብምግባራ፣ ወትሩ ካብ ጐድነይ ዘይትፍለን ሞያዊ ኣበርክቶኣ ዘይትበቀለይን ሪታ ብርሃነ ኣብ ቅጥዒ መጽሓፍን ገበርን ስለ ዝሓገዘትኒ፣

ሄኖክ ተስፋብሩኽ ንገለ ካብዞም ግጥሚታት ብምንባብ ሃናጺ ርእይቶ ብምሃቡን ንቐጻሊ ስራሕ ቐጻሊ ድርኺት ብምፍጣሩን፣

ግጥሚታት ቆቌንጪለ እና'ንበብኩ ወይ እናሃብኩ ርእይቶኦምን ጦብላሕታኦምን ዘካፈሉኒ ሰባት ብዙሓት እዮም፣ ስለቲ ዝተፈጥረ ምስትምቓርን ክትዕን፣ ንመምህር ኣማኑኤል ዮሴፍ፡ ደጀን ኪዳነ፡ ልዋም ዘርኣብሩኽ፡ ህዝባዊ መንግስትኣብ፡ በረኸት ኣማረ ከምኡ'ውን ሱራፌል ተስፋብሩኽ ኣብ እርያ ፍደላት ስለ ዝሓገዘኒ፣

ብጻይ ዘምህረት ዮውሃንስ ስለቲ ኣብዚ ስራሕን ኣብ ሞያዊ ጉዕዞይን ዝህበኒ ቐጻልን ዘይሕለልን ደገፍ፣ ንሓለፍተይን መሳርሕተይን ኣባላት ማ/ቤ/ጽ ህግደፍ፡ ብፍላይ ንብጻይ የማነ ገብርኣብ፡ ስለ ቐጻሊ ምትብባዖም፣

ወትሩ ካብ ጐድነይ ዘይፍለዩ ናይ ህይወት ኣዕሩኽይ፡ ንውሓት ግዜን ራሕቂ ቦታን ከይኣገሞም ብቐጻሊ ዝከታተሉኒ፤ መርሃዊ ተኪኤ፡ ሕሩይ ተስፋልደት፡ ቴድሮስ ተስፋይ፡ ህድኣት ተኽሎም ከምኡ'ውን ንብጾት ኣባላት ጋንታ "ንእስነት ከደት"፡ ንሓወይ ተሾመ ገብረልኡል፣ ንኹሎም ልባዊ ምስጋና።

ኣብ መወዳእታ፡ ከምቲ ወትሩ ዝብሎ፡ ብዙሕ ዝእውዱኻ ከየመስገንካ ምኻድ ኣይጽቡቕን። ብዓቢኡ ግዜን ፍቕሪን ዝእውዱኒ ኣሕዋተይ - ስምረት፡ ሰመረ፡ ሰምሃር - ወላድየይ፡ ኣዕሩኽይ፡ ቤተ-ሰበይ፡ . . . እዛ ስራሕ መከሓሓሲት ትኾነለይ። ግጥሚ ካብ ሰብካ ኣባቲኹ ኣብ ውሽጥኻ ዘጥሕል ጥበብ እዩ'ሞ፡ ብዙሕ ካብቲ ብሓደ ክንህልወሉን እሂን-ምሂን ክንብለሉን ዝግብኣና ግዜ ስለዝነፈግኩኹም ኣይትሓዙለይ፣ ስለ ዝተረዳእኩምኒ የቐንየለይ።

ኣብ ምድላው ግጥሚ ኲናት ሓድሕድ - ኣብ ካልኣይ ክፋል ናይዚ መጽሓፍ'ዚ ቀሪባ ዘላ - ብዙሓት ሰባት ሃናጺ ርእይቶ ሂቦምኒ። ከም ግጥሚ በዚ ዘላቶ ንኽትቀርብ ልዑል ድርኺት ዝፈጠረለይ ሄኖክ ተስፋብሩኽ እዩ። ብድሕሪኡ ዝተፈላለዩ ሰባት ኣንቢቦም ሃናጺ ርእይቶ ሂቦምላ። ንስታዝ መሓመድ ስዒድ ዑስማን፡ ራሄል ኣስገዶም፡ ዘመንፈስ ሃይለ፡ ግርማይ ኣብርሃም፡ ስምኦን ወልደሚካኤል ከምኡ'ውን ኲላቶም ኣብዚ ክጠቕሶም ዘይከኣልኩ ኣንቢቦም ሃናጺ ርእይቶኦም ዝሃቡኒ ብልቢ አመስግኖም።

# መቕድም

ብዙሕ እዋን ሓሲበሉ፣ እንተኾነ፡ ስለምንታይ ግጥሚ ከም ዝጽሕፍ ጌና ዓማሚ መልሲ የብለይን። ንተመኵሮይ ብዝምልከት፡ ከምቲ ዘለመድኩዎ ወይ ከምቲ ዝሰረጸኒ፡ ምስ ሓሳባት ምዕላል ስለ ዝብርሃኒ፡ ካብቲ ምስ ውሽጠይ ዘዕልሎ ካዕበት፡ ነቲ ቕንጣሮ እየ ኣብ ወረቐት ዘስፍሮ። ኣብ ውሽጠይ ለመም እናበለ ዝዓዓዝ ስምዒት ኲይኑ ንዝስምዓኒ እየ ኣብ ወረቐት ከስፍሮ ዝፍትን። እንተኾነ፡ እቲ ኣብ ውሽጠይ ዝፍጠርን እቲ ኣብ ወረቐት ዝሰፍርን ዝበዝሐ እዋን ምድራግ/ምምዕርራይ ይኣብየኒ። ዝበዝሐ ካብቲ ዝንውንው ጥዑም ዋሕዚ ሓሳባት'ሲ ኣብ ምፍልፋል እዩ ዝርከብ 'መስለኒ።

ድሕሪ'ቲ ኣብ 2014 ዘሕተምኩዎ ሕሩይ ግጥሚታት ዝሓዘ መጽሓፍ "ሰብ ዲኻ?!"፡ ብዛዕባ ዝቕጽል መጽሓፍ ዝሓቱኒ ግዱሳት ምስ በዝሑ፡ ኣቐዲሙ ዝመጽኣኒ ሓሳብ፡ ቀልጢፈ 'ከሕትም ድየ!' ዝብል'ዩ ነይሩ። ከሕትም እንተ ኾይነኸ ነቲ ካብ "ሰብ ዲኻ?!" ዘጽናሕኩዎ ግጥሚታት ኣኪበ ድየ ካልኣይ መጽሓፍ ግጥሚ ከስዕብ ወይስ ነቲ ዘይመላእኩዎ፡ ጀሚረ ዘወንዘፍኩዎ፡ ናይ ትርጉምን ልቂ-ጽሑፍን ስራሓት ኣጻፊፈ እየ ከሕትም ኣብ ዝብል ሓሳብ ውዱእ መልሲ ኣይነበረንን። ሓደኡ ክገብር ኣብ ዝወሰንኩሉ፡ ኣብ ቍርጽራጽ ወረቐት ዝተኣከበ ግጥሚታት ከም ዝነበረኒ ዝፈለጥኩ፡ ተፍትሽ ሰነዳተይ ምስ ኣካየድኩ እዩ። ስለዚ፡ ካልኣይ መጽሓፍ ግጥሚ ምድላው ዘይስገር ምዃኑ ተገንዚበ።

ኣብ "ሰብ ዲኻ?!" ዘየርከበት - ኣጸቢቓ ስለ ዘይተሃንጸት - 'ጸበል ናቕፉ ንጸጉለይ' ኣብ ዝኸሪ 20 ሰነ 2015፡ መዓልቲ ሰማእታት*፡ ኣብ መቓብር ሓርበኛታት ምስ ቀረበት፣ ኣብ ዓመቱ፡ ኣብ ተመሳሳሊ ኣጋጣሚ፡ 'ድምጺ

---

ኣብ 20 ሰነ መዓልቲ ሰማእታት ኤርትራ ኣብ መቓብር ሓርበኛታት ዝቐረባ ግጥሚታተይ፤

1. "ኣይተንብዑዋ፡ ትንባዕ ግደፉዋ" - 2009፡ ብነጃት ነስረዲን ዝተነበበት፣
2. "ጸበል ናቕፉ ንጸጉለይ" - 2015፡ ብኣስመሮም ሃብተማርያም፣
3. "ድምጺ ስቕታ" - 2016፡ ብሳሚኤል ገብረኣዶናይ፣
4. "መቓልሕ'ዚ ቦታ" - 2018፡ ብግርማይ ኣብርሃም፣
5. "ሰብ ነይሩ፡ ሰብ ኣሎ" - 2019፡ ብይሄይስ ኪሮስ (ካብ መጽሓፍ "ሰብ ዲኻ?!")።

ስቕታ!'፣ ኣብ 2018 'መቓልሕ'ዚ ቦታ!' ምስ ቀረባ፡ ምስቲ ዝነበረኒ ግጥሚታት ኣኪበ ከም ኣመለይ ንብጾተይ ኣርእየዮም።

ኣብ መንጐ "ሰብ ዲኻ?!" ወ "ሓራ ምዃን፣ ናጻ ምዃን!" ዝጸሓፍኩዎ ውሑድ እዩ። ዘጽሕፈኒ ዝነበረ ኵነታትን ቦታን ስለ ዝተቐየረ'ዩ 'መስለኒ፡ ወይ'ውን ምናልባት ኣብቲ ዝሓለፈ ብብዝሒ ስለ ዝጸሓፍኩ ክኸውን ይኽእል፡ ምስቲ ዝነበረ ግጥሚታት ምቅላስ'የ መሪጸ፣ ተስፋ እገብር ምሕሳብ ስለ ዘጕደልኩ ከይከውን።

ኣብቲ ቐዳማይ ተመኩሮይ፡ "ኩላ ግጥሚ ድያ! ልቢ-ወለድ ዘይትጽሕፍ!፧" ዝበሉኒ ሰባት ብዙሓት ነይሮም። ብኣንጻሩ፡ ግጥሚታት እናጠቐሱን ብቓሎም እናወጽኡን ብወኒ ዘዕለሉኒን ዝሓተቱኒን ብዙሓት እዮም።

ግጥሚ ኣብ ቋንቋ ትግርኛ ሓያልን ነዊሕ ዝጸንሐን ሰረት ኣሎዎ - ብፍላይ ኣብቲ ኣፋዊ። ብቛንቋ ትግርኛ ክትገጥም'ምበኣር ቀሊል ብድሆ ኣይኮነን። ነቲ ዝጸንሐ ዝምልእ ክኾነልካ ስለ እትደሊ፡ እቲ ጕዕዞ ዝውድእ'ምበር ዝውዳእ ኣይከውንን።

ካልኣይ መጽሓፍ ግጥሚታት ምድላው ቀሊል ኰይኑ ኣይረኸብኩዎን። እንተኾነ፡ መኽዘን ጭርምራም ወረቓቕተይ ካብ ዘጽንሓለይ ምእኩት ወግዒታት፡ ብርክት ዝበለ ግጥሚ ረኺበ። ባዕሉ ድዩ ተዋህሊሉ ዘየብል ከኣ ኣይነበረን። 'ድሕሪ ሕጂ ብዛዕባ ግጥሚ ክሓስብ ኣይደልን እየ፣ በቃ! ንኹሉ ኣኻኺበ ሓደኡ ክገብሮ ኣሎኒ፡ ወይ ክሕትሞ ወይ ክገድፎ!' ኢለ ኣንጻርጺረ - እቲ ትዕደዮ ብዙሕን ዓብን እቲ ትኽእሎ ንኡስን ውሑድን ስለ ዝኸውን። ምስ ተኣከበ፡ ብዙሕ ገፊል ስለ ዝጸንሖ ክትነግፎ ትግደድ፣ ዳግም ናብቲ ቕልስ ትምለስ። እዞም ግጥሚታት እምበኣር ካብቲ ዝሓለፈ ዝተረፉ እዮም፣ ተረፍ ግን ኣይኮኑን።

ግጥሚ ንኽጽሕፍ ካብ ዝድርኹኒ ቐንዲ ነገራት ስእሊታተይ እዮም። ምስ ካሜራ ዝሓደረኒ ፍቕሪ መኣስ ተጠጂኡ ኣይርድኣንን'ዩ። ምናልባት እቶም ቈልዓ እንከለኹ ኣብ ዳሕረዋይ ገበር መጽሔት ሳግምን ኣብ ዝተፈላለዩ ናይ ሜዳ ሕታማትን ዝርእዮም ዝነበርኩ ኣሳእል ከይኮኑ ግን ኣይተርፉን፣ ቅምጥ ኢሎም ማዕረ ዝኽረይ ዝኽሪን ዕምሪን ኣሎዎም። ኣብኡ ተሳኢሎም፡ ተወቒሮም ቅንኢ ግዲ ፈጢሮምለይ፡ ምስ ዓበኹ፡ ነቲ ዝጽሕፎ ዓንቀጻት፡ ጸብጻባት፡... ዘሰንየለይ ስእሊ ከልዕል እንከለኹ፡ ገለ ዝንውንው ርእየት ይደፍኣኒ። መጽሔት ሕድሪ ደሓን ትእቶ፡ ንገለ ካብ ስእሊታተይ ኣብ ገበራ ከተውጽኣለይ ምስ ጀመረት፡ እቲ ወኒ መሊሱ ገርጊፉ። ኣብ ዕብየት ዘማዕበልኩዎ ሞያ ስእሊ፡ ተራ ብጻይ ዘምህረት ዮሃንስ ኣመና ዓቢ ነይሩ። ናብ ዝተፈላለየ ቦታታት ሃገርና ዑደት ብምስራዕ ናይ ስእሊ ወነይ ከውጽእ ሓጊዙኒ። ካብኡ ሰጊረ፡ ንገለ ካብቶም ዝስእሎም ኣሳእል

ከገጥመሎም፡ ከጽሕፈሎም ጀሚረ - “ጵላሎተይ” እትብል ግጥሚ ከም ኣብነት ትውሰድ። ጵላሎት ምስኣል ኣመና'ዩ ዝብርሃኒ።

‘ነዚ ግጥሚታት ኣኪበ ካልኣይ መጽሓፍ ምግባሩ ይሓይሽ፡’ ምስ በልኩ፡ “ኣታ ወዲ ተጠንቀቕ መወከሲኻ ‘ሰብ ዲኻ?!’ እዩ፡” በለኒ ሓደ ካብ ኣዕሩኽተይ። ብርግጽ ከምቲ ኣመና ብዙሕ ዝጸዓርካሉ መቃልዒኻ - ቀዳማይ ስራሕካ - ክትደግም ክኽብድ ይኽእል ይኸውን እዩ። ካብኡ ተመኩርካ፡ ግዱሳት ዝህቡኻ ግሉጽ ነቐፌታ ሓዊስካ ግን ደሓን ክትብል ትደፋፋእ። ማዕረ ቐዳማይ ስራሕካ ክትሰርሓሉ ዘይትኽእል ምኽንያት ግን፡ ወይ ክትነውሖ ወይ ክትሓጽሮ ስለ እትኽእል እዩ። ካብ ኣዕሩኽተይ ብዛዕባ “ሰብ ዲኻ?!” ብዙሕ ዝበለን ዝጸሓፈን - ኣብ ጋዜጣ፡ ኣብ ሬድዮ፡ ኣብ ዕላል - ሳሙኤል ገብረብርሃን፡ “ካብ ብብዝሒ ብዛዕባ ‘ሰብ ዲኻ?!’ ምዝራብሲ እቶም ግጥሚታት ናተይ ኰይኖም ይስምዑኒ ኣለዉ!” ዝበሎ እቲ ናይ ብሓቂ ኩሉ ኣንባቢ ክብሎ ዝደልዮ እዩ። ከድንቑዎ ጥራይ ዘይኰነ ግን ጉድለታቱ ቀሊዖም ከውጽኡ፡ ክእርሙንን ብዓጸፋ ክምልሱን እምነ። ክሳዕ ሕጂ፡ እቲ ዝበዝሐ ዝወሃብ ርእይቶ እወታዊ ኰይኑ፡ እቲ ጸሓፍቲ ክእረሙሉን ክንቀፉሉን ዘለዎም ናይ ህየሳ መድረኽን ደረጃን ኣይማዕበለን። እቲ ምትብባዕ ኣብ ቦታኡ እንከሎ፡ ስነ-ጽሑፋዊ ህየሳ እዩ ግን ናብ ስነ-ጽሑፋዊ ብልጸት ዝመርሕ። ዕዮታትና ብኽኢላታት ስነ-ህየሳ ክምጐትን ክብዳህን፣ ክንኣድን ክቃላሕን ኣሎዎ። ዝኾነ መጽሓፍ ቅድሚ ምሕታሙ እዩ ናይ ዋናኡ፣ ብድሕሪኡስ ናይ ሓፋሽ እዩ። ክኢላ ብፍልጠቱ ንሕመቑ ክገልህን ክብድህን፡ ንጽቡቑ ክንእድን ክንጸባርቕን ድማ ሰናይ ተግባር እዩ።

“እንታይ ንምባል እየ ግጥሚ ዝጽሕፍ!፤” ዝብል ሓሳብ ይመላለሰኒ እዩ። ብዙሕ እዋን ሓደ ነገር ኣብ ኣእምሮይ ይመላለስ'ሞ ምፍላይ ምስ ኣበየኒ ኣብ ወረቐት ኣስፊረ እየ ዘርሕቖ። ብፍላይ ብዓይነይ ዝተዓዘብኩዎ ነገር፡ ዝወዓልኩዎ ፍሉይ ተግባር፡ ባህሪ፡ ጠባይ፡ ዝሰማዕኩዎ ዘገርም ዕላል፡ . . . ክሃድመሉ እንተ ኾይነ ግድን ክጽሕፎ ኣሎኒ። ንኣብነት፡ “ዲጋ ከርከበት” ዝብል ዘረባ ብተደጋጋሚ ክሰምዕ ጸኒሐ ናብቲ ቦታ ምስ ከድኩ ዝመጽኣለይ ተመስጦ ጽሒፈዮ፣ ንኽስእል ጥርዚ እምባ ሶይራ ደዪበ ንጐላጉል ቈሓይቶ እናተዓዘብኩ ዝመጽኣለይ ዕላል ምስ ጥንታዊ ታሪኽ ኣተኣሳሲረ ጽሒፈዮ፣ ኣብ ብራኸ ሮራ ባቕላ ኣብ ሓምላይ ኣግራብ ዝወደቓ ጵላሎተይ ስኢለ ጽሒፈሉ፣ ናብ ደንከል - ጫፍ ዶብ ኤርትራ ምስ ከድኩ ነቲ ዝተጋጠመኒ ባህሪያዊ ተፈጥሮ ገጢመሉ፣ ኣብ ጥሪ 2019 ብዝተገበረልና ዕድመ ምስ ብጾተይ ከተማ መቓድሾ፡ ሶማል፡ ምስ ኣተና፡ ነቲ እቲ ፍርስራስ ኣባይቲ ኣብ ሕልናይ ዝፈጠሮ ቓንዛ ጽሒፈሉ. . . ። ስለዚ፡ ግጥሚ ዝጽሕፍ ምሕሳብ ንኽየቋርጽ እየ፣ ምዕዛብ ከኣ። ምግራም ከኣ'ባ። ዓቕነይ እየ ዝጽሕፍ፣ ግጥሚ ምጽሓፍ ዝሓንከሉ እዋን ከኣ'ሎ

- ኣዝዩ ዝምስጠኒ ናይ ካልኦት ገጠምቲ ግጥሚ ምስ ኣንበብኩ። ብቑዱስ ቅንኢ ተደሪኸ፡ 'እዚስ ናተይ ክኸውን ነይሩዎ' ዝብሎ ግጥሚታት ብዙሕ እዩ።

ግጥሚ፡ ኣብ ውሻጠ እዩ ሰፊሩ። ካብቲ ውሻጠ'ቲ ናብ ገጻት ወረቐት ንኽበጽሕ ከኣ ነዊሕን ኣህላኽን ጥውይዋይ ከዓዓዝ ኣለዎ - ንኽሓጽር። ኣብቲ ጉዕዞ ኸኣ ብዙሕ ዝጠፍእ ኣሎ። ግጥሚ ሓጺር ስለ ዝኾነ፡ ጽሕፍ-ጽሕፍ እተብሎ እንተ ዝኸውን ክንደይ ሰብ ገጣሚ ምኾነ ምገደፎ፣ ኣብቲ ጥዑም ግጥሚ ንምጽሓፍ ዘሎ ቃንዛን ቃልሲን፡ ባህታን ጣዕሚን ከምቲ ደልኸ *ዝበለቶ ሀልኸ* እዩ። ስለዚ፡ ኣብ መንጐ ግጥሚ ምጽሓፍን ገጣሚ ምኻንን ዘሎ ናይ ሰማይን ምድሪን ፍልልይ፡ መኣስ ከጽብቦ እኽእል እኸውን ኢለ ካብ ምሕሳብ ዓዲ ኣይውዕልን።

ግጥሚ ከምቲ ሓሲብካ ዝጸሓፍ፡ ሓሲብካ ክንበብ ኣለዎ። ኣብ ግጥሚ ሰለስተ ኣካላት ኣለዉ፤ ገጣሚ፡ ግጥሚ፡ ኣንባቢ። ነዚኦም ፈላሊኻ ክትርእዮም ትኽእል፣ ኣዋሲብካ'ውን ክትርእዮም ትኽእል። እቲ ዋና ነገር እቲ ገጣሚ ዘይኮነስ እቲ ግጥሚ እዩ። እቲ ግጥሚ ካብ ናብ ሰብ ኢድ ዘወጣውጥ ናብ ሓሳብ ከድህብ ኣለዎ ኢለ'የ ዝጽሕፍ። "ንረስዓዮ'ንዶ 'ቲ ገጣሚ፡ እንታይ'ዩ'ቲ ግጥሚ?" ንምባል እየ። ሓደ ገጣሚ ልዕሊ ግጥሙ ክስራዕ ወይ ክርአ ምስ ዝፍትን፡ ከምቲ ዝብልዎ፡ "ፍጹም ኣነነት" እዩ ዘጽሕፎ። ሓደ ኣንባቢ ኸኣ ኣብ ክንዲ ኣብቲ ግጥሚ ናብቲ ገጣሚ ምስ ዘተኵር ንትሕዝቶ ናይቲ ግጥሚ ክርድኦ ክጽገም እዩ።

ኣብ ዝተፈላለየ እዋን ብዛዕባ ገለ ካብ ግጥሚታተይ ዝመጽኣኒ ርእይቶ ይገርመኒ እዩ። ሓንቲ ግጥሚ ናብቲ ሓደ ኣንባቢ ዝደለዮ ትርጉም ወሲዱ ከዘናብዓ ወይ ዘይትርጉማ ክህባ እንከሎ ግጥሚ ምጽሓፍ የጽልኣኒ። ኣብቲ ዝተላዕለ ሓሳባት ኣብ ክንዲ ምትኳር፡ ይኸውን'ዩ እናተባህለ፡ ነቲ ነባሪ ግጥሚ ግዜያዊ ምዝንባዕ ዝፈጥሩሉ ኣይስኣኑን። ግጥሚ ካብ ትዕዝብቲ፡ ተመኩሮ፡ ምሕሳብ፡ ምስትብሃልን መረዳእታን ገጣሚ እዩ ዝጸሓፍ። ክንበብ እንከሎ ኸኣ ብዓቕሚ'ቲ ዘንብቦ እዩ ዝትርጐም። ስለዚ፡ ከምዚ ተረዲኡኒ ወይ መሲሉኒ ክበሃል ይከኣል እዩ። ገጣሚ ከምዚ ማለቱ እዩ ኢልካ ምዝራብን ግጥሚን ገጣሚን ምፍላይ ምስኣንን ግን ኣይሰማምዓሉን። ከም ርድኢተይ፡ ንሓንቲ ግጥሚ ብዘይካ ዋናኣ ሓቀኛ ዋና የብላን። ኣንባቢ፡ ኣስተማቓሪ፡ ሃያሲ፡ . . . ኣብ ዓለም ገጣሚ ኣትዩ እዩ ዓለሙ ዘናዲ፣ ምስ ዓለሙ ከዋስብ ከኣ ይጽዕር። ይትረፍ ኣንባቢ፡ ሓንሳእ-ሓንሳእሲ፡ ሓደ ገጣሚ ንባዕሉ'ውን ዘይርድኦ ግጥሚ ይጽሕፍ እዩ። እዚ ብዙሕ እዋን የጋጥመኒ'ዩ። ሓደ ገጣሚ፡ ኣብ ፍጹም ወኒ ወይ ትሕተ-ንቑሕ ወኑ ኣትዩ ዝብሎ መሊኡ ኣሎ። ስለዚ፡ ንሓንቲ ግጥሚ ከም

ዝደለኻያ ከተንብባን ክትትርጕማን፡ ብፍላይ ካብ ጥበባዊ ትሕዝቶኣ ወጻኢ፡ ንባዕላዊ ኣሉታዊ መረዳእታ ክትጥቀመላ ኣይጽቡቕን፣ ኣረ ኣይቅቡልን።

"ሓራ ምኳን፣ ናጻ ምኳን!" ኣብ ክልተ ክፋላት ተኸፋፊላ ኣላ። ክፍሊ ሓደ ሸውዓተ ምዕራፋት ሒዙ ኣሎ። ክፍሊ ክልተ ከኣ ሓንቲ ነዋሕ ኣዘንታዊት ግጥሚ። እዚ ምክፍፋል'ዚ ኣብ ትሕዝቶ ናይቶም ግጥሚታት ዝኾነ ናይ ምድራት መንፈስ ከይፈጥር ግን እትስፎ። ብኸምኡ ክኸፋፍሎ ዘገደደኒ ኣብ ዝተፈላለየ ዓውዲ ዘተኰረ ብምኳኑ፡ ንተነባብነት ክጥዕም ኢለ እየ። ብዘይ ክፋላት ፈቲነዮ፡ ኣይተዋሕጠለይን። ስለዚ፡ ሓደ ጠማሪ ኣርእስቲ ብምሃብ ግን ከኣ ትሕዝቶኡ ብዘይምድራት ክንበብ እደሊ። እቲ ክፋላት ብቕጽሪ ገይረዮ ኣለኹ፣ ብቕጽሪ ናብ ቀጽሪታት ንምእታው ከኣ ኣይኰነን።

ኣብ ሓደ ኣጋጣሚ፡ ኣሕተምቲ ሕድሪ ድሕሪ መመረቕታ "ሰብ ዲኻ?!" ኣብ ዝገበሩለይ ናይ ድራር እንግዶት፡ ብዛዕባ ግጥሚን ገጠምቲን ብዙሕ ኣዕሊልና። ስነ-ጥበበኛ ግርማይ ዮውሃንስ (ሳንድያጎ)፡ "ድሕሪ ሕጂ ኣይገጥምን እየ፡" ክብል ምስ ሰምዓኒ፡ "እስከ ካብዛ መጽሓፍ ደስ እትብለካ ግጥሚ ኣንብበልና፡" ኢሉኒ። "ትዕድልተይ" ኣንቢበሎም። "ወላ ኣይገጥምን'የ እንተ በልካ ግጥሚ ባዕሉ ኣይክገድፈካን እዩ፡" ኢሉኒ። ስለዚ፡ ክሳዕ ድምጻይ ዝረክብ - መዓስ ከም ዝረኸቦ ርግጸኛ ኣይኰንኩን - ንግጥሚ ክደልዮ ምሕጋየይ እዩ ዝመስል።

ኣብዚ ዳሕረዋይ እዋን፡ ሓደ ፍሉይ ተመኵሮ ገጢሙኒ ክብል እኽእል። ኣሕተምቲ ሕድሪ ናይ ተስፋማርያም ወልደማርያም "ህያው ደብሪ" ዘርእስቱ ትግርኛዊ ቅንየታት ክከታተሎ ምስ ሃቡኒ፡ ኣብ ኣእምሮይ ባህታን ራዕዲን ተፈጢሩ። እቲ ቅንየታት ብዕምቈቱ፡ ጽባቐ ኣገላልጻኡ፡ ሃብቲ ቋንቋኡ፡ ስጡም ዋሕዚ ሓሳባቱ፡ ኵርናዕ ጠመተኡ፡ ቅርጺታቱ፡ ናዕታታቱ፡ ረምታታቱ፡ ልቦናታቱ፡ ወዘተታቱ.፡. . . ንቕንየታት ቋንቋ ትግርኛ ብዕጽፊታት ንቕድሚት ዝደፍእ እዩ። ነቲ መጽሓፍ እከታተሎ ነይረ ጥራይ ዘይኰነ፡ ብምልኣት ዘይርድኦ እንከለኹ፡ ሒዙኒ ህልም ስለ ዝብል ኣይሓድጎን ነይረ። ደራሲ ኣብ ኣመሪካ፡ ኣነ ኣብ ኤርትራ፡ ዘይንፋለጥ፡ ብዕድመን ተመኵሮን ዘይንራኸብ ክንስና በቶም ግጥሚታት ተቐራሪብና። እቲ ዕዮ ብሓፈሻ፡ መመሊሱ ጸልዩኒ። ጽልዋ ዝጽላእ ኣይኰነን፣ ዝጸሉ ቕንየታት ከኣ'ዩ።

በዚ ኹይኑ በቲ፡ ግጥሚ ኣዚኻ ጠሚኻ ከለኻ ከም እትረኽባ ጥዕምቲ ጥሕሎ፡ ጣዕማ፡ ሸታኣ፡ ቅርጻ፡ . . . ፍጹም ዘይርሳዕ እዩ ዝብል እምነት ኣሎኒ። ካብቲ ኣዝየ ጠምየ እንከለኹ ዝረኸብኩዎ ዝተፈላለየ መግቢ ከም ጥሕሎ ገይሩ፡ መቐረተይ ዝበሓተ ስለ ዘየለ። ነቲ ዝጠመየ ክፋል ኣእምሮኻ እትበስዕ ግጥሚ ምስ እተንብብ፡ ወትሩ ኣብ ኣእምሮኻ ኣላ - ደጋጊምካ ኸኣ ተንብባ።

እቲ ትፈጥሮ ጽልዋ ድማ ቀሊል ኣይኮነን። “ሓወልቲ” እትብል ናይ ኣሌክሳንደር ፑሽኪን ግጥሚ፡ ንኣብነት፡ ኣመና እያ እትምስጠኒ፣ ዳርጋ ምልእቲ መጽሓፍ ኰይና ትስምዓኒ።

ንምጥቕላል፡ እቲ ናብ ግጥሚ ዝመርሓኒ፡ ፍቕሪ ንባብ ግጥሚ እዩ። ካብ ብብዝሒ ምንባብ ግጥሚታት ሃገርና እየ ናብ ምጽሓፍ ኣቢለ። ስለዚ፡ ኣብ ገለ ዝጽሕፎም ግጥሚታት - ኣዝዩ ውሑድ’ውን ይኹን - ናይ ዓበይቲ ገጠምቲ ሃገርና ጽልዋ ዝፈጠሮ ገለ ምምስሳል ክርኣዮ ይኽእል እዩ። ምናልባት፡ ከምኡ እንተ ኣጋጢሙ፡ ናይ ወዝብን ናይቲ ጽልዋን ክኸውን ከም ዝኽእል ክሕብር እደሊ። ከምቲ ለባማት ዝብልዎ፡ ዝመላላእ ደኣ’ምበር ዝከላላእ ከኣ ኣይኮነን።

• • • • •

ን. . .

ኣብይናቢ

ማራናታ

ሄኖስ

# ትሕዝቶ

ምስጋና ........ i
መቕድም ........ ii

*ክፍሊ ሓደ*

*1. መእተዊ ሓደ* ........ 19
2. ግጥሚ ........ 20
3. ንመን ይጭነቆ ........ 21
4. ምላድ ........ 22
5. መጺአ'ለኹ ........ 23
6. ኣይደንንን ኣነ ........ 24
7. ሓርነተይ ረኺበ ........ 25
8. ፈውሰይ ተረኺባ ........ 26
9. ትዝክርኒዶ ........ 27
10. ጽላሎተይ ........ 28
11. ሞባይለይ ........ 29
12. ዘጋጥመኒ ዘሎ ........ 30
13. ልቢ ድዩ ገይረ ........ 31
14. ክሰርሓኪዶ ዳግማይ ........ 32
15. ሀ ........ 33
16. ክትደሊ ከለኻ'ዩ ጥዑም - 2 ........ 34

*17. መእተዊ ክልተ* ........ 35
18. ውሽጣዊ ሰነድ ........ 36
19. ሰብን ግዜን ........ 38
20. ዓባይ-ዓባይቶ ........ 39
21. ኲይኑዶ ይስምዓና'ሎ ........ 40
22. ሕልሚ ........ 41

23. ወልፊ ........ 42
24. ዘይስማዕ መምህር ........ 43
25. ፍቕሪ ........ 44
26. ስሕተት ........ 45
27. ስለ ነፍሲ ........ 46
28. ንፈራዲ ይጭነቆ ........ 47
29. ቂምታ ........ 48

***30. መእተዊ ሰለስተ*** ........ 49

31. ዝንጋዐ ........ 50
32. ተካል ሕድሮ ........ 51
33. ዘየቋርጽ ዕዳ ........ 52
34. ጦብላቕ ........ 53
35. ፍጊዕ ........ 54
36. ዓገብ ........ 55
37. ተመዘኑ ኢሉኩም ........ 57
38. ካብ መን ........ 58
39. ሕልሚ ደርሆ ........ 59
40. ድሕሪ ዝናብ ........ 61
41. እምባ ጸድቕ ........ 62
42. ጸላእቲ ........ 64
43. ቀብሪ ኣልቦ ሞት ........ 65
44. ምስ ሞትኩ ........ 66

***45. መእተዊ ኣርባዕተ*** ........ 67

46. ሓራ ምዃን፣ ናጻ ምዃን ........ 68
47. ንጣር-ቀኣልዒ ........ 72
48. ዕላማ ........ 76
49. ስንሰለታዊ ሓድጊ ........ 77
50. ናቕፋ እምባ ........ 79
51. ተጋዳላይ ........ 82
52. ኤርትራዊት ሰብ ........ 84
53. ሓድነት ........ 86
54. እግሪ-መኸል - 1999 ........ 87
55. ከርከበት ........ 88

56. መቓልሕ 'ዚ ቦታ ... 93
57. ድምጺ ሰቐታ ... 96
58. እርበዳ ... 98
59. ጸበል ናቕፋ ንጸጉሰይ ... 101
60. ምልሶት ... 104
61. ከም ሓበላ ዓይኒ ... 108
62. ሶይራ ... 110
63. ውጉዝ ... 112

***64 መእተዊ ሓሙሽተ*** ... 113
65. ሰዓት ቈጸራ ... 114
66. ኣይንረሳሳዕ ... 115
67. ሰላምን ልዋምን ... 116
68. ስፓጌቲ ሳዋ ... 117
69. "ኣደ ንባዕላ ኣደ ትደሊ" ... 119
70. ሽፋን ከም ዕፋን ... 120
71. ነደ ... 121
72. ሕደ ማንታ ... 122
73. ህ/ይ/ወ/ት ... 123
74. "ነበረኝ" ... 124
75. ምስሉይነት ... 125
76. ኣቲ ነብሲ ... 127
77. ኣይህብን ኢደይ ... 128

***78. መእተዊ ሽዱሽተ*** ... 129
79. ንስሓ ውሽጢ ... 130
80. ሕድገት ... 131
81. ሓባራዊ ረብሓ ... 132
82. ሰብ ... 133
83. ሓሳዊ ... 134
84. ፈሪሐ ኣይፈልጥን ... 135
85. ወኻርያ ... 136
86. ሕብሪ ፍትወት ... 137
87. 'ታይ ምኺኑ ... 138
88. ደርፊ ደቂ ዓዲና ... 139

89. ምኽሕሓል 140
90. ኣይትሓዘለይ ኣንባቢ 141
91. ሕቘቖታ ደርሆ 142
92. ሓደ ሰብ 143
93. ይሳም ኺኢ ዲኾት 144

*94. መእተዊ ሸውዓተ* 145
95. ባር ሓናቑት 146
96. ስሰዐ 148
97. ተተኳቢ ተኺቢ 149
98. ኣመል 150
99. ሪጋ ዘምጸአ ዋዛ 151
100. ዛንታ ጐባይ 152
101. ሰኣን . . . ሲ ሓለፈት ነፍሲ 154
102. ሃንደበትዶ ትብሉዎ 155
103. ደብሪ ዓደ'ቦይ 157
104. ኣብ-መንገይን-ኣብ-መንገ'ኻን 158
105. ጨሪቐ-በላዕ 159
104. ኮሉ 'ሓልፍ 161
105. ዕብራን ዘምጸአ ሳዕቤን 162
106. ናይ መወዳእታ 163
107. መቓድሾ 164

## *ክፍሊ ክልተ*

108. ኩናት ሓድሕድ 169

ጥብቆታት

1. ብዛዕባ ንመስዋእቲ ዝገልጹ ግጥሚታተይ
2. ብዛዕባ "ሰብ ዲኻ?!" ካብ ዝተባህለ

# ክፍሊ ሓደ

## - 1 -

ሓደ-ሓደ - ንዝወሓደ
ጕያ-ጕያ - ህይወት ክንቃንያ፣
ንኺድ መለይ፡ ንኺድ'ባ!
ክሳድ-ምሓዝ'ዩ ንርሑቕ ዘቕርባ።

ኣቲ መለይ!
ግዜ ዘይንሕፍ
ንሕና ክንልፍልፍ
ስልጣነ ይሓልፍ።

ሰድና'ንዶ ናብ ርሑቕ ማዕዶ!
ዓጸፋ ሰጕምና ድሕረትና ክነወግዶ
ሰሰጢሕና፡ ብጸሓይ ስልጣነ ክነንድዶ፤
    ንኺድ መለይ፡ ንኺድ'ባ!
    ንስልጠት ኣርኪብና፣ ኣርኒብና
    ኣብ ልምዳዊ ክብሒና ክንረ'ባ።

# ግጥሚ

ረ. . .ም ረም-ረም-ረም - ህረም!

ኣምርሮ! ኣምዕሮ! ኣስምሮ!
ተሰሚሩ ከሳዕ ዝሰምር፤
ቅኒት ይስሕት - ይህረም
ዜማ ይፈርስ - ይእረም፣
ግጥሚ ከፈጥር ጣዕሚ
ጣዕሚ ከወልድ ግጥሚ
ይድሰቕ ከሳዕ ዝደሚ፤
ከሳዕ ዝምዕር - ዝመርር
ከሳዕ ዝሰምዕ - ዘድምዕ፣
ከሳዕ ዝጽረብ - ዝዘዙ
ከሳዕ ዘፈስህ - ዘቐንዙ
ይጽልጸል ግጥሚ
ከፈጥር ጣዕሚ።

ረ. . .ም ረም-ረም-ረም - ህረም!

## "ንመን ይጭነቆ"

ነዚ ፍጥረትና መን ሰርሖ!
ጉራጉራ ገይሩ ዝራሕረሖ፧
ነዚ ሰብ መን ፈጠሮ!
ንዓለም ከይፈለጣ -
ዝኸይድ ናብ ዘይፈልጦ፧

እሞ ንመን! ንመን ንሕነቆ፧!
'ናበይ ኢና' ኢልና ንመን ነጨንቆ፧
መጻወቲ ዲና ትያትር ድብልቕ፡
ንተዋስኦ ዝተፈጠርና፡
ከፉእ ከነጸብቕ፧

ንላበሶ ኸኣ ነቲ ገጸ-ባህሪ
ማይ ክንሰና ንመስል ጓህሪ፣
ክኢልናዮ'ለና ምውሳእ፤
ብድቁስካ ምትንሳእ።

መወዳእታኡ ኣብ ዘይፍለጥ ድርሰትና
ተዋሳእቲ መዋእልና
ሕሰም-መከራ ወኪልና
ንቕጽል ጌና ጌና
ክሳዕ ንረኽቦ ደራሲና።

## ምላድ

ትርጉሙ እንተ ዝፈልጥ
ምሃደምኩ ንሽምልጥ፣
ጕያ-ጕያ ንኽብጽበጽ
ኣብቲ ለቜታ ከጕጽጕጽ፣
ንሽይወጽእ ከጽዕር
እምቢ ኢለ ከግዕር፣
ፈንጠርጠር ከበትኮ'ቲ መትኒ
ሓይሊ እንተ ዝነብረኒ
ዘይምዃን ምሓሸኒ።

ግን. . . ኰይነ
ምምላጥ ስኢነ።
ብተፈጥሮ ተገዲደ
ተወሊደ. . .።

ማሙቕ በብቕሩብ ክርሕቕ
ከም ሰበይ ከበኪ ክስሕቕ፤
'ኪር . . .ካዕ!' ክድሰት
'ኣሕ. . . ዋይ!' ዓቕሊ-ጽበት፤
የለን ዘጸናንዕ
ፍርዲ'ዩ ክለፍዕ።

ካብ ኰንኩ፡ ምጽናሕ መሪጸ
ካብ ጸናሕኩ፡ ከሀሉ ኣብሊጸ
ኣብ ህላወ ከናዲ ትርጉም ህላወ. . .
ዝለፍዕ፡ ዝቕርፍድ፡ ዝንከባለል. . .
ኢደይ ንዘይምሃብ እየ።

## መጺአ'ለኹ

መለሳ ስቕታ - ዘረባ
መለሳ ማዕዶ - ቐረባ
መጺአ'ለኹ - ጸላም ቀንጢጠ
መጺአ'ለኹ - ስቕታ ውሒጠ።

ናብዚን ናብቲን ከይበልኩ
ኣብ መትከለይ መትከል ሃኒጸ
ኣፍ ከዓጹ ኣይኰንኩን
ግዜይ ኣኺሉ'የ መጺአ።

ዓልላለይ ኣደታት
ደብሉለይ ኣቦታት
ኣነ ኾይነ ኣለኹ
ዘይሙለይ ኣሕዋት።

ግዜ ዘይስዕሮ፡ ሰብ ዘይቀብሮ
አንጐድጕዶ ኣለኹ
    መቓልሕ ድምጺ-ውሽጠይ፣
አርውዮ ኣለኹ
    ቃዕ-ቃዕታ ጽምኣይ፣
መጺአ'ለኹ፡ ሃየ ጸምብሉለይ።

መጺአ'ለኹ፣
    እነሆ'ኹ!
ንሻነይ ሰቒለ
ካባይ ተኸዲነ
ዘይሓፍር፡ ዘየሕፍር ኣነ።

በሉ!
መጺአ'ለኹ፡ እነሆ'ኹ አንበልብል
ሃየ ደርቡለይ፡ ምምጽኣይ ክጽምብል።

# ኣይደንንን ኣነ

ገደናይ ምስ ኣተዎ ድነ
ደረተይ ምስ ተደንደነ
ሰላመይ ምስ ተበተነ
ሓርነተይ ምስ ተፈተነ፤
ከምቲ ቈፎኡ ዝትንከ ንህቢ
ከምቲ ንሪሙ ዝዋደቕ ህዝቢ፤
    መሰለይ ከምልስ
    ሓርነተይ ከውሕስ
ዝውንኖ ዘይከፍል ከመይ ኣነ፧!

ሞባእ እኸፍል ንሓርነተይ
እቃለስ፡ እለፍዕ፡ ንመሰለይ
እጽዕት አፍስስ ረሃጸይ
ኣብዛ ማዕረ እትብጽሓኒ ዓለም
    ብጽሒተይ ከይሸረፍ
    መሰለይ ከይቍርመም
ኣዒንተይ ኣይዕምትን
ኣእዛነይ ኣይልኰትን፣
    ማዕረ'ዩ ፍጥረተይ ኣብ መሬት
    ሕልፊ ኹሉ ብሰብኣዊ ክብረት።

# ሓርነተይ ረኺበ

ፈጋዕጋዕ ኢሎም ኣጕላዕለው፡
ጽባቐታት ውሽጠይ።
ዓንቢቦም ፈረዩ፡
ዝፋናት ክብረይ።
ክብረት ረኺቦም፡
ጠጠው ሓሳባተይ።
ሓራ ኾኑ፡
እምነታት ውሽጠይ።
ነጻ ወጽኡ፡
ሓሳባት ውሻጠይ።
ተፈትሐ!
ልጓም ኣፈይ።
ተሰብረ!
ኣርውት ማእገረይ።
ሰመረ!
መትከል ገድለይ።

## ፈውሰይ ተረኺባ

ቀጸላታት ህላወይ ተሸራሪፎም
ኣብ ዘይግዜኦም ምስ ጐረፉ፣
ከም ኣቝጽልቲ'ዮም ዝረገፉ።

ጽልኣት ወሪሩኒ፡ ከሪሀ ተፈጥሮ
ጽምዋ ዓሲሉኒ፡ ብሓሳብ ዘንጸርጽሮ፤
ረዚን ሓሳብ፣ ዘይጸረኒ፡ ዘይጸሮ. . .
ኵምራ ሓሳብ፣ መናወጺ ኣእምሮ. . .
ወሪሩኒስ ሓግየ-ከሪመ፤
ርእሰይ ኣድኒነ፣ ሓሳበይ ኣቕኒነ፣
ባሕታዊ ንምኧን፡ ዓለም መኒነ።

ካብዛ ዓለም ጭንቀት!
ዓለም ውርደት!
ዓለም ተነጽሎ - ዓለም ባሕታውነት. . .
ዓለም ተስፋ፡ ዓለም ፍልጠት
ዓለም ጒዕዞ፡ ዓለም ስልጠት
ዓለመይ ሃኒጸ
ጸው ናብ ርሑቕ መገሻ።
ኣብራኸይ ብድልዱሉ
ኣእምሮይ ወለል ዝበለሉ
ኣብ ማእከል ኣሻኸ ጒዕዞ ኵረሻ
ብሓሳብ ዘዛውን፡ ዘይብጻሕ ኣድራሻ
ኣብ ለምዒ ዝነብር በዱ-ጣሻ. . .
ዝነበርኩዎ ስዒረ
ተስፋታት ኣብ ውሽጠይ ሰፊረ. . .
ኣብ እለሻ ፍቕሪ እንከለኹ. . .
ምልኣት ልቢ እትፈጥር -
ካብ ዝባደመ፡ ዝነቕጸ መሸጐራጒር ሕልናይ
ናብ ስፍሓት፡ ምልኣት ህልውናይ
እትመልስ ዕንበባ - ጻዕዳ ልባ፣
ረኺበ ሎሚስ፣
ጽምዋ ሓሳብ እትፍውስ።

# ትዝክርኒዶ

ሽምጢ ብርለ!
        ናብ ጕንዲ እዝንኺ ተጸጊዐ
        ከነግረኪዶ ዝኸረይ ቀሊዐ፧
ሽምጢ ብርለ!
        ፊተ-ፊትኪ ደው ኢለ
        ክርእየኪዶ ኣዒንተይ ተኺለ፧
ሽምጢ ብርለ!
        ኣብ ጐድንኺ ውዒለ-ሓዲረ
        ከዛርበኪዶ ሽምጥኺ ዓቲረ፧!
ሽምጢ ብርለ!
        ውሽጠ-ውሽጥኺ ጥሒለ
        ከነግረኪዶ ውሽጠይ ኣገንፊለ፧
ሽምጢ ብርለ!
        ኣብ ሕልምኺ ተቐሊዐ
        ክቐርበኪዶ ፍርሐይ በሊዐ፧
ሽምጢ ብርለ!
ሽምጢ ብርለ!
ሽምጢ ብርለ!
        ስለኺ ግዳም ሓዲረ
        ዘንጊ ክንሰይ፣ ከም ጕንዲ ሓጺረ።
ሽምጢ ብርለ!
        ትዝክርኒዶ -
        ክቐልዓልኪ በሰላይ ኣጕሂረ!፧

## ጽላሎተይ

ሰኣሊ ግዲ ኾይነ
ቃዕ-ቃዕ ኣቢለ ዘየናሕሲ፡
ነዚ ጽላሎተይሲ
ዝሓደግኩሉ ነይብለይ፣
ኣብኡስ ከጽብቕ ከኣለይ!

ነዚ ቕዳሕ ነብሰይ
ማሕማሕታ ፈጢረ -
ተሃነይ ኣውጺኣሉ፣
ከም ዊንታይ ዓንዲረ -
ቅርጺታት ኣትሪፈሉ።

ኣብ ሌጣ ጐልጐል
ኣብ ጽፍሒ ማያት
ኣብ ወጥዋጥ ኣኻውሕ
ኣብ ሃው ዝበለ ከናለታት. . .
መመሪጸ ስኢለዮ፤
'ናውጻእኩ ጕራምራ ቅርጺታት
ነቲ ከመስሎ ዝደሊ እናመሰልኩ፤
'ናተጨበጥኩ፡ 'ናተነፋሕኩ. . .
ስእል ኣርፊደ፡ ስእል ውዒለ፡. . .
- ኣይብልን ስእል ሓዲረ።

ሓደ መዓልቲ፡ ጨው ቀትሪ፤
"ከም ጽላሎት ኢኻ፡
'ንተቐረቡኻ ትርሕቕ
'ንተረሓቑኻ ትቕርብ!"
ምስ በለኒ ሓደ ድንኪ
ጽላሎት ኣልቦ በትኪ
ነደድኩ!
ኣውጻእኩ ትኪ፣
ቀጸልኩ!
ምስኣል ብጻዕቂ።

# ሞባይለይ

ሞባይለይ!
ጠዊቐ-ጠዊቐዶ
በላዒ ጸዊዕክለይ!
ሞባይለይ!
ኣስሒቕኪ-ኣርሲንኪዶ
ግዜይ በሊዕክለይ!
ሞባይለይ!
ነቑኺ-ነቑኺዶ
ዘሪግኪዮ ልዋመይ!
ሞባይለይ!
ኣእዊኺ-ኣእዊኺዶ
ቀብሪ ኣምጺእክለይ!
ሞባይለይ!
ነውኒውኪ-ነዋኒውኪዶ
ኣንጊፍክኒ ኢደይ!
ሞባይለይ!
ክድርብየኪዶ
ክርሕቐኪ ካብ ዓይነይ!
ሞባይለይ!
ክእርንበኪዶ
ክም ሰበይ ክም ዓለመይ!
ሞባይለይ!
ክርሕቐኪ ካብ ዘይኰነለይ
ፍልጠት'ባ ኣምጽእለይ!

## ዘጋጥመኒ ዘሎ

መቐጸልታ ዝተቈራረጸ ድቃስ
ሃተፍ ዝበዝሖ ምግልባጥ፡
ምዕልባጥ፣
ልበይ ኣጥፊአ
ከም ሞት ተሓቢአ።

'ቲ ዝሓለምኩዎ
ከጥዕም ከም ዘለዎ፤
ነ'ንበሳ ብፋረኡ ነውኒወ
ንገበል ብጭራኡ ኣንፈፍየ
ኣምዑት ሓርገጽ ብኢደይ ምሕየ. . .
ንጉስ ዓዲን በረኻን ተሰምየ፤
ንዝመጽአ ቅላዕ
ንዝቐረበ ቅጻዕ
ዘንጸጽዮ'ምበር፡ ዘንጸጽየኒ ዘይነበሮ
ሓደርኩ ተወጢረ ከም ከበሮ።

ሃንደበት።
ጨርባሕ ድምጺ
በተግ ኣቢሉ ኣንፋጺ
ኣብዛ እዝነይ ይፋጺ።
ኣሻበይ፤
ናብቲ ብዕጉግ ዓለም ተመሊሰ
ብድምጺ ኣናጹ ሓሞተይ ፈሰሰ።

# ልቢ ድየ ገይረ

ምስ ሰኣንኩኺ፡
ደሓን ክትህልውለይ
ጸሎት'የ ዘብዝሕ፣
ዘኪረዮ ዘይፈልጥ ፈጣሪ
እጠቕሶ ማዕረ ስምኪ።

ስሙ እናጸዋዕኩ እራታዕ
ዘዘኪረ እናሳሕ፡ እጣራዕ
ክሳዕ ዝሰልጠኒ ድየ
ተቐቢለዮ ኣሚነ - እንድዕለይ
እጽሊ ኣዕቲበ፡ ኣማዕቲበ ገጻይ
ደሓን ክትህልውለይ።

እንታይከ ከምኡ ዘየግብር ኣሎኒ፧!
'ንታይ ኣሎ ዳዊት ዘየዘክረኒ!፧
እንተስ ኣሪገ
'ንተስ ጠፊሸ
ሓደው ተጣዒሰ
ብጥልመት ምስ ተለብለብኩ
ምጅብጻብ ኣንጊሰ።

ተግባራትኪ ዘበለ
ኣንጻር ዝሓሰብኩዎ ዘ'በለ
ኣይፈለጥኩኽን ድየ ነይረ
ሎሚ ልቢ ገይረ፧
ጠሊምኪ ትጠልሚዶ ኢለ
ተጸብየኪ፡ ትጽቢት ሓዚለ።

# ከሰርሓኪዶ ዳግማይ

ካብዚ ውሽጢ-ውሽጢ-ውሽጠይ
ካብዚ ባህጊ-ባህጊ-ባህገይ
ካብዚ ልዋም-ልዋም-ልዋመይ
መመሪጸ፡ ቈቈሪጸ፣
ከህበኪዶ ምሳኺ ከጸንሓለይ፧

ንፈጣሪ ይቕረ በለለይ ኢለ
ከምቲ ከትኰንዮ ዝድለ፤
ልቢ ኣብ ልብኺ
ሓሳብ ኣብ ርእስኺ
ቍመት ንሕጽርኺ
ድፍረት ንፍርሕኺ. . .
ወሲኸዶ፡ ዳግማይ ከሰርሓኪ፧!

መለሳ ሕመቕይ
ምልኣት ጽበተይ
ከምቲ ዝህረፍ ማይ፡
ሰማያዊ ሰማይ፡
ከትኰንለይ
ከጸብቕ ዕድለይ
ከሰርሓኪዶ ዳግማይ፧

ካብዚ ሓሳብ-ሓሳብ-ሓሳበይ
ካብዚ ሕልሚ-ሕልሚ-ሕልመይ
ሰሰሊዐ፡ ሓሓፊሰ
ከህበኪዶ፡ ሓደራ ከተጽንሕለይ፧!

ኣብ ሰብ ዘየለ
ኣባኺ ንኽድለ
ከክርዳዱ ጐጒለ
መምሩጹ መሪጸ
ኣብ ፍጥረትኪ ቀጺጸ
ከህነን ብደስታ ነቚጸ።

## ሀ

“ደቂቕ ንብረት!”
“ሀ፤”
“ጠፋኣይ፤”
“ሀ፤”
“ተወዳኣይ፤”
“ሀ፤”
“ተረሳዓይ፤”
“ሀ፤”
“ደቂቕ ፍልጠት. . .፤”
“ሀ፤”
“እባ. . . እባ. . .!”
“ሀ፤”
“ደቂቕ ፍጥረትከ'ባ!፤”

# ክትደሊ ከለኻ'ዩ ጥዑም - 2

እዝኒ፤ መመሪጺ ይጸናጸን
እዝኒ ኲናዕ፣ እዝኒ ሓጺን
ንነቕናቒ ጸዋዕታ
ድርጉሕ ዓውታ፣
እዝኒ ኣይህቦን እዝኒ
ዝደልዮ እዩ ዘለሊ
ኣለኹ ዘይብል
ክህሉ ምስ ዘይደሊ።

ኣድሪ!
ረኣዩ'ለዋ ብንእስታ
ካብ ማዕዶ ዘቋምታ
ፈልዩ ዝጥምታ፣
እምባ ኣብ ቅድሜኻ ዘይትርኢ
ጻጸ ልዕሊ እምባ ፈሊኻ ትርኢ፣
እንታይ ዘይርአ 'ተደሊኻ
እንታይ ዘይርአ 'ተዘይደሊኻ!

ኣብራኽ ወለል ምስ ዘይትደሊ
ልምሰት ትሪ ምስ ትደሊ፣
ይታኽስ ኣእምሮ፣ ኣብ ዕሙር ጓይላ
ይዝንግዕ ቐልቢ፣ ኣብ ማዕበል ደበላ
ዕረ ጥዑም - ክትደሊ ከለኻ
መዓር ሕሞር - 'ተዘይ ደሊኻ።

ኣይተመንግገኒ ኣታ ሕሱም
ክትደሊ ከለኻ'ዩ ጥዑም።

## - 2 -

‘ግዜኣ ዝሃባ ሓምሓም እምኒ ትሰብር’
ግዜኡ ዘይሃቦ እምኒ. . .፧
ግዜኡ ዝሃቦ ሰብ ይውንጨፍ ናብ ጠፈር
ግዜኡ ዘይሃቦ ሰብ. . .፧
ኣየ ሰብ!
ኣየ ግዜ!
የድሊ’ሎ ልባዊ ኑዛዜ።

# ውሽጣዊ ሰነድ

(እናሻዕ ኣብ ብራንና ዝውቀር ሰነድ)

ኵሉ-ምሉ ጸጥ።
ጫው-ጫው. . . ሃተፍተፍ. . . ሃነፍነፍ. . .
ሰሰፈሩ ሒዙ - ዘፍ።

- 'ዚ ጐደና -
ከም ድሕሪ ብርቱዕ ነጐዳ
ጸጥ ኣስቂጡ፣
ይምዝግብ ዕለታዊ ጸብጸቡ፤
ናይቲ ዝረኣዮ
ሰብ ግን ዘይርእዮ
ጸብጺቡ ጸባጺቡ፤
በብሓደ፡ ሰብ ከም ዝወሓደ
በብሓደ፡ ሰብ ከም ዝተወልደ
ኣብ ነጠብጣባት ውክልናኡ
ወቀጠ ሰነድ ሕልናኡ።

- 'ዚ - ጐደና. . .
ምስጢር ናይ ዝሓለፈ
ናይ ዘሎ፡ ናይ ዝተገብረ
ተለቕሊቑ ብዘይብለል ሕብሪ
ዓንዩ ብዘይጠፍእ ዝኽሪ
ናይ ዝሓለፉ ኣኪቡ
ይስንድ ናይ ዘርከቡ።

ጸላም ኣብ ምውጽኡ
ዳዝዳዝ ወጋሕታ፣
ኣብቲ ጐደና ዝነጠበት
ውልዶ ቈልዓ፣
ሰብ ኣብ ዘይነበሮ
ደረታ ቐሊዓ
ድምጻ ወሊዓ፤
"እዚ ጐደና ሓርነት'ዩ።
ጐደና ባርነት. . ."

ሕኑን ጭርሖኣ ከይመልአት፡
ሓደ ሰልፋዕ
ዕሱብ ግላዕ
ጕንዲ እዝና ጸፍዓ፡ ዘይሓሰበቶ
"እዩ!" በላ፡ ፍጹም ዘይገመተቶ።

ኣጆኺ ዓደይ፡ ሰውራኺ ቐጽሊ
ብሃጸይነት፡ ኣበደን፡ ፍጹም
ኣይትደሃሊ።

# ሰብን ግዜን

"ግዜ ኣይምለስን
ግዜ ኣይቀውምን!"
ዝተመሃርኩ 'መስለኒ
ሓደ እዋን፡ መምህርና ታሪኽ 'ናመሃረ፤
"ፍልስፍና ግዜ!
ምቕጻል ጥራይ'ዩ ግዜ ኣብ ግዜ!"
ጸቒጡ ኣዘኻኽረና 'ናነሃረ።

ኣለልየዮ ግን ነዚ ግዜ
ንሱ'ውን ነይሓደገ፡
ሓደ እዋን ነይረዮ ከኸውን ኣሎኒ
ወይ
ኣብ ዘይነበርኩዎ ነይሩ 'ዚ ግዜ
ኣምሳላተይ ሓዚሉ
ከመይ ደኣሉ፤!
ከምኣ'ይሉ።

ገሪሙኒ፡ አረ አርሚሙኒ!!
ትማሊ ኰይኑ ሎሚ
አነህለዉ 'ንዶ ይረኣዩኒ፤
ስታሊን-ሂትለር-ሙሶሊኒ።

# ዓባይ-ዓባይቶ

“ካብ ኣጻብዕትኻ
ሓንቲ ትቀንጠብ ‘ተዝብሉኻ
ነየነይቲ መወፈኺ፧!” ምስ በሉዎ፤
“ኣብ ውግእ ድዩ’ታ
ኣብ ምስንካት ጣይታ!፧”
ዓቕሉ ዝጸበበ መራጺ፤
“ሕንጥልሕንጥሊቶ
. . . ቀለቤቶ . . .
. . . ማእከሊቶ . . .
. . . መመልከቲቶ . . .
. . . ዓባይ-ዓባይቶ”. . .
ዘርዚሩ፣
“ዓባይ-ዓባይቶ፡” ሓርዩ።

ዓባይ-ዓባይቶ
‘ዛ ጠማሪት ማእዶ
ክቕንጥባ ዝበለሰ፣
ጒንዲባቶ።

## ኰይኑዶ ይሰምዓና'ሎ

መሬት ቀኒኑ፡
ሰማይ ኣድበንቢኑ፣
ጸላም ዓሲሉ፡
ብርሃን ዘይትርእየሉ፣
ኰይኑዶ ይሰምዓና'ሎ፧!

ህቡብላ ዝሸበቦ፡
ድከተ-ትርኢት ዝኸበቦ፣
ኬድካ ዘይውዳእ፡
ደይብካ ዘይውጻእ፣
ኰይኑዶ ይሰምዓና'ሎ፧!

ኵርኳሕ መንገዲ
ተኳን ንእዲ
በጃል ዓውዲ
ጥሙይ ከብዲ
ኰይኑዶ ይሰምዓና'ሎ!፧

ፍርሒ-ራዕዲ
ኣልቦ ኣባዲ
መልኣከ-ሞት
ዝባላዕ ህሞት
ኰይኑዶ ይሰምዓና'ሎ!፧

እልቢ ዓማጺ
ፍትሒ ዓምጻጺ
ደም ዝመጺ
ሰሰሪቑ ዝፋጺ
ኰይኑዶ ይሰምዓና'ሎ፧
. . .
እንቋዕ ተሰምዓና!
እንቋዕ ከኣ ኣይተሰምዓና!

# ሕልሚ

ንደቒቕ ከየንኣስኩ፡ ከየድቀቕኩ፡ ዓቢ ሕልሚ ሓሊመ
ኣብ ሰዓት ዝፍጸም፡ ብኾፍካ፡ ብድቁስካ ዝሕለም፣
ኣብኣ እንከለኹ ረጽሚ ተፈጢሩ፡ ተበላሊው፡ ተመናኒው
ኣብ ኣእምሮ ዝካየድ ኲናት'ዩ ከውታ ለይቲ ኣበራቢሩኒ
- ሓውሲ ምብህራር'ዩ ነይሩ።

ኣይድቃስ ኣይምንቋሕ፤ ቋሕ-ቀም፡ ቀም-ቋሕ
ኣብ ሓቀኛን ሕልማዊን ዓለም ዝበራረ
ዝተፈራረቖ ኣጋጣሚ ዓሲሉኒ'የ ተበራቢረ።
ነቲ ሕልማዊ ዓለም ኣብ ሓቃዊ ዓለመይ ስለ ዝስእኖ'የ 'መሰለኒ
ናብ ሕልሚ ተሓባእ፡ ተሓባእ ዝመጽኣኒ፣
ኣብኡ 'ጽናዕ! ኣይትውጻእ!' ዝብለኒ።
ዘይቈጻጸሮ ስምዒት ነውኒዉ ግን ናብቲ ከዉን ዓለም ይመልሰኒ
ኣብ ደቒቕ-ደቒቕ ናብዝን ናብትን የብለኒ።

ተረባረብ ምስ ኰነ - ግዜ ምሳይ ምስ ግዜ ኣነ -
መን ቀደመ ውድድር ሰፈነ።
ኣብ ሓደኡ ከረግጽ ስለ ዝነበረኒ
ረም ኢለ ዓሊበ፣ ከም ዝሃበኒ።

ድምጺ ውዳቐይ ዝነቕነቖ መንደቕ ዱብ ኢሉ ከጸቕጠኒ
ነይረ ኣብቲ ሕልማዊ ወኒ።
ባህሪረ፡ ዓለም ምስ ቀየርኩ፡ በቲ መንደቕ ተጸቕጥኩ፣
ኣሻቡ ናብቲ ሕልማዊ ዓለም ተመሊሰ ሰፍነግ ከም ዝጸቕጠኒ
ውሪሕ-ሪሕ በልኩ. . .

መትሓዚ ስኢነሉ፡ ነዚ ዝነብሮ ዘለኹ
ከም ሓጺር ጣፍ ድዩ ከም መለቅላቋ
ምሉቕ-ምሉቕ ኢሉ ምትሓዝ ኣብዩኒ. . .
ኣየ'ዚ ነገረ ሕልሚ!
ነገረ ጋህዲ።

## ወልፊ

ቃል ኣትዩ ምስ ‘ዛፉ’
(ምስታ ቕዙፉ)፤
“ሎሚ እንተ’ላጊስካ
ክርኢ ኣይደልን ገጽካ!”
ምስ ከቢድ መጠንቀቕታ።

ሓቃ’ያ ከተማርር
ክትጽበዮ ትውዕል-ትሓድር
ናብኣ ዝሓሰቦ፣ የላግስ ናብ ዘይሓሰቦ።

ልቢ ምዕባይ ኣብዩዋ፡ ተወዲኡዋ፤
“ወይ ንዓይ፡ ወይ ንቢራ!”
ኣፋንያቶ ኣምሪራ።
ሓቃ’ያ። ንሳ ትሰዶ ክዳውንቱ ኣስታሪራ
ንሱን ይምለሳ ተስታሪሩ ብቢራ።

ሽዓ ምሸት፤ ምሒሉ-ጥሒሉ
ዓይኑ ቀጺው፡ ሓሳቡ ከዊሉ
ናብ ቤቱ ነቒሉ።

በቲ ዝለመዶ ተዛንዩ እናሃደመ
ዓይኑ ሓቢኡ፡ ሓሳቡ ከዊሉ ‘ናሰጐመ
‘ጥዝ!’ ዝብል ድምጺ ሰምዐ።
ግልብጥ።
ዓፍ-ዓፍታ ቢራ
ዋዕ-ዋዕታ ዳንኬራ
ኣዒንቱ ደለያ ክነጥራ፣
ኣዒንቱ ነእጋሩ ሓበራ።

ኣላጊሱ፣ ሒፍ ኢሉዎ!
ከም ጓጕድ ብራሕ፣ ተፈሲሁ ሓንፈፉዎ።
መጠንቀቕታ ፍቕሪ ዘንጊዑ
ጢን ተሰሪሑ፣ ናብ ዘይጥዕሞ ኣምሪሑ።

# ዘይስማዕ መምህር

ግዜኡ'ዩ ታሪኽ
ጸብጺቡ ክሓልፍ፣
ናይ ሎሚ ውዕሎ
ናይዛ ንእስቲ ካልኢት፣
        ፈረየ-ደቐቐ
        ጸበቐ-ሓመቐ
        ኣብ ግዜ ተወረቐ።

ሚዛን ናይቲ ሰነድ
ሚዛናዊ ኣብ ግዜ
ውዕለት ሰብ መዘዙ
ናብ ሕመቕ ይዘዙ፣
ብድዐ - ጥልመት
ሰሪዙ ንእምነት፣
ዓመጽ ራዕዲ
ስዒሩ ንፍትሒ፣
ይመርሓ ንህይወት
ናብ ጥፍኣት ደልሃመት።

ግዜ መምህር፤
        ሰብ ተመሃራይ፣
ወይዚ ወጅሃላይ፤
        ሰነፍ ተመሃራይ።

## ፍቕሪ

ልዕሊ ትርግታ-ልበይ ኣንቢረ፤
ተኸናኺነኪ።
ልዕሊ ቆፎ-ቐልበይ ሰቒለ፤
ዋልታ ኹይነ ሓሊፈልኪ።
ከም ብሌን ዓይነይ፡ ጓል ዓይኒ-መዓረይ
ሓለዋ ወጺአ ኣቕሲነኪ፤
ዓረ እንከለኹ፡ ከም እንቋቑሖ፡
ሽዋሕ ኢለ፡ ተደፊአልኪ. . .
ምቅብጣርዶ በዚሑ፡
ቀብጠርጠር ኣብዚሕኪ፤
እሞ ‘ዝብኢ ይብልዓኒ’ ኢልኪ!፤
በሊ፡ በቲ ዝኸድኪዮ
በቲ ዝተበላዕኪዮ
ኣይሕሳእኪ
ተመሊስ ከይረድኣኪ።

# ስሕተት

ፍረ ገዛና
ጽብቕቲ ሽባኻና፣
ጋግያ ሓመዳ
ሱራ ስሒታ፣
ነቲ ስግር፡ ክንዮ ስግር፣
ክተተንፍስ፡ ክትቅለብ፡
ክትሕባእ ከይትጥለብ
ወዲ,ቓቶ፣
ጽግዕ ከም ዝሓዛ፡
ተጸጊዓቶ።

'ታይ'ሞ! 'ታይ'ሞ!
ቃንዛ ገይሩላ'ሎ ቓንዛ፣
ብቐሊሉ ዘይፍወስ
ዘይሓዊ ኣበሳ፣
ስሓ ውሽጢ፣
ትጽቢት ወሓጢ።

## ስለ ነፍሲ

ቀብሪ ዘይሓልፎ
ደልዩ ዝረኸቦ
በኺዩ፡ ተነኺኒኹ
ተሃዲሱ፡ ነጺሁ፡ ይመላለስ
ዳግም ምስ ምንባር ይቃለስ።

ኩሉ ግዜ ቐብሪ
ኩሉ ቐብሪ ቐብሩ
ከቐብር'ዩ ተፈጢሩ።

"በጃኺ ነፍሰይ!" ልቕሶኡ
ቀቀቢሩ፡ ኣኣልቂሱ፤
ናብ ሞያኡ።
ሰሰሪቑ፡ ቀቀቢሩ፤
ናብ ንሰሓኡ።

## ንፈራዲ ይጭነቆ

1.

ፍቕሪ ክትጽሕፍሉ
ዝሃብኩኺ ጻዕዳ ልበይ
ጭሕግርግር እባ ኣበልክለይ!

2.

ፍቕሪ ክትጽሕፈሉ
ዝሃብኩኻ ልበይ ጻዕዳ
መላእካለይ እባ ማዳ!

# ቂምታ

**ቂም!**

**ቂምታ፤**

**ቂም!**

**ቂም!**

**ቂምታ፤**

**ቂም!**

**ቂም!**

**ቂም!**

**ቂምታ፤**

**ቂም!**

.

.

.

**ቂምታ፤**

**ይኣኽለና'ባ'ታ።**

## - 3 -

ሓሳብን ሓሳብን

ሓሳብ!

የሕስብ
የተሓሳስብ!

ሓሳቢ!

ይሓስብ
የሕስብ!

## ዝንጋዐ

"ፈጣሪ ፈትዩና።"

"ንፍቶ እንዲና!
ንነብር ብረሃጽና።"

"ርእዩ ጽምኢ ጐሮሮና
ሰማይ ከፊቱ
ማይ ኣዝኒቡልና
ጠልቅዩ ዓድና
ሸዊቱ ገደናና።"

"ገለን ብማይ፡
ገለን ሰኣን ማይ ኪይኰነና
ዓቒኑዶ ይሃበና፤"

"ያያእ፡ ግደፎ፡ ጃሕ-ጃሕ የብሎ
ርስሓትና ይሕጸቦ፡"
ቢሎም እናዕለሉ፡ ሓረስታይ ነጋዳይ፤
"ካብ ሰኣን ማይ፡ ብማይ!"
በለ 'ቲ ሓረስታይ
'ናጠሙተ ናብ ሰማይ -
ሰማይ ወሃቢ ማይ።

"ንየው በሎ ማይ! ማይ!"
ሰከሐ 'ቲ ነጋዳይ፡ ናይ ሱፍ ሸቃጣይ
ግዲ ዘንጊዑዎ፤
ጡጥ ከም ዝፈሪ ብማይ!!

## ተካል ሕድሮ

ድሕሪ'ቲ ሽቐልቀል
መሃነን ዘጥፍእ ሽገርገር፣
ሕመቐይ ሓቢአ
ሕመቕ እንዳ'ማተይ ከዳምቕ
"ጸላኢ፡ ጸለሎ ቐባኢ"
ሕብሪ ኣልቦ ብርዒ ኾይነ፣
ተመን ከነሰይ ከንቲት ተኸዲነ
ወኻርያ እንከለኹ 'ዶልፊን' መሲለ
ንብር ነይረ።
*(ኣይነበር'ዩ ግን)*

ሰብ ግብሪ 'ናፍሰሰ
ምትዕናን ኣንጊሰ
ምድሪ ዝቐርበኒ
ብኾፈይ ሰማይ ሓሪሰ፣
"ህ!" ንዝበለኒ
ወዲሰ-ወዳዲሰ፣
ሕብረይ ኣቑሐ
ሕብሪ ሰብ ኣህሲሰ!. . .
ንብር ነይረ።
*(ኣይነበር'ዩ ግን)*

'ታይ'ሞ ከዓብስ
ኣነን እናሓደርኩ እፎኹስ
ንሱን እናሓደረ ይነግስ።

*(ዓቕሊ ዘወድእዶ ኣይኮነን እዚስ)*

## ዘየቋርጽ ዕዳ

ጸሓይ ንግስቲ ለይቲ-መዓልቲ
ወትሩ ብርቕቲ-ድምቕቲ
ቀዋሚት ክነሳ
ነድምቓ ነህስሳ
ነብርቓ-ነዕርባ
*(ብቓልናን'ምበር በየናይ ዓቕምና)*
ትቕጽል ግን ንሳ ኪዳና ዓቂባ።

ግቡኣ ገይራ ጸሓይ ተፈጥሮ
ግቡእና ዘንጊዕና ብዓል ዝሮምሮ!!

## ጡብላቕ

ጡብሎቕ-ሎቕ 'ዚ ባህሪኻ
ኣይትሓፍርን ዲኻ!፤
መጸ-ብርሃን ምምጻእካ
ከደ-ብርሃን ምኽዋልካ
'ንዓ' ዘይትደሊ መጻኢ ባዕልኻ።

ከትቀርበኒ እርሒቕ፤ ጸይነካ።
ዝለኸፍካዮ እደፍአ፤ ፈንፊነካ።
ሽሻይካ'ዩ፤ ትመጽዮ ተደቢርካ።

ከትርሕቀለይ፡ ጐሮሮይ ኣንቂጸ
ኣብቲ ገበላ፡ ትሕዞይ ኣፍሲሰ
ጸይነካ እንድኣለይ -
ደልየ ከትርሕቀለይ፣
ኣይግዳዱ፡ ጥፉምባኻ ነፊሕካ፡
ዕስለኻ ጸዋዕካለይ፤

በል ንረዳዳእ፤ ጸጊበ፡ ከትጸግብ
ገፊሕ'ዩ ሽውሃተይ ብቐሊሉ ዘይዓግብ፣
ልብኻ ምስጢር'ዩ ደቂቕ ጐራሕ
መኣደይ ዝለኸፍካ ደሊኻ ምሳሕ።
ደጊም ኣይደፍኣን ዝለኸፍካዮ
እቲ ዝኸውን ሓቢርና ንርእዮ!

## ፍጊዕ

እዚ ኣራዩ ወረቐት ናይ ጵርግያ
- ጋሕጋሕ ተንሲኡ -
ኣርዩ፡ ኣራርዩ ትፋእና - ክፋእና፣
የጸራርዮ መንገዲና።

ተተደቢሩ 'ናጸረገ
ናብዚን ናብቲን 'ናተናጠረ
ምላቑ ከብዲ
ዓጢናቶ ነዚ መንገዲ።

ንሕና ንሓልፍ፡
ዓይኒና እዝኒና ዓሚትና
ንሱ ይቕጽል. . .
ከይሰሓቐ ብጥራጥና።

## ዓገብ

ስሙ መሪሕዎ ንሰብ።
ደረቱ ነፊሑ - ስጕድም
ምስ በሉዎ ፍጹም፤
　　ስምና ዘኸትም
　　እምባ ዘሰክም
　　ስግር ዘሳግም።

ስሙ መሪሕዎ ንሰብ።
ብርሃነ ኢሎሞ
ብርሃንና ሃሲሱዎ
　　ነፊሑ ደረቱ
　　ጸሓይ ዓጊቱ
　　መሲሉቶ ናቱ።

ስሙ መሪሕዎ ንሰብ።
መስፍን ኢሎሞ
መስፍነ-መሳፍንቲ
ስምና ዝመርሮ፤
　　ናጽነት፡ መዓርነት፡ ፍትሒ።

ስሙ መሪሕዎ ንሰብ።
ገዛኢ ኢሎሞ
ዓሳቢ ጊልያታት
ስምና መሪሩዎ
　　ህዝቢ፡ ህዝባዊ፡ ህዝብታት።

ስሙ መሪሕዎ ንሰብ።
ዓብለሎም ኢሎሞ - ዓባሊላ
እነሀት ልዕልነት ኣብ ርእሱ ተሰቒላ።

ስሙ መሪሑዎ ንሰብ።
ንጉስ ሸይመሞ፣ ንጉስ ነገስታት፣
ስምና ዝቐሎ፣ ህዝባዊ ስልጣናት።
ኣርዓደተን፡ ሓየለተን፡ ኣሕፈረተን - ዘይብሉ
ኣርዓዶም፡ ሓየሎም፡ ኣሕፈሮም - መሊኡ

'ታይ'ዩ እዚ ኣንነት፣ ጾታ ዝፈሊ ብኡነት!

# ተመዘኑ ኢሉኩም

ባዕሉ ዝደስከለ
ዝተደስከለ፣ ዝሓከለ
ዝቐጸለ. . .
በብዓይነቱ ጨናፍር
ነገረ-ሰብ ስግንጢር።
ካብቲ ዝቐጸለ፡ ነይሩ ዘንጸርጸረ
ጾር መዓልታዊ ሰኸሙ
ሳሕቲ ይዛነ፡
'ጨሪሙ-ጨራሪሙ'።
ንጽባሑ፡ ይቐጽል ከም ቀደሙ
ናይ ካልኦት ይሽፍን
ናቱ ዓሚሙ፣
ስራሕ'ያ ዓለሙ።
ስራሕ ንዝፈትሑ
ስራሕ ፈጢሩሎም
ከግምግሙዎ ምዓሎም፡ ምሕዳሮም፤
"ሰብኣይ ኣባ-ዳህሪ እንድኣሉ
ገዲፍካ 'ታ ግናይ ኣመሉ፣
ይጨርም! ከም ሕሱም ይሰቲ
ይሰክር! ይሰርዐን በብሓንቲ፡"
ምስ በለ ምዝሕንጦ
ሰዓበ ሕቶ-ርእይቶ፤
1 - "ነቲ ገንዘብ ካበይ የምጽኦ፧"
2 - "ይሰርቆ ድዩ ይልቀሖ፧"
3 - "ይምወሎ ድዩ ይሕወሎ፧"
4 - "ገሪሙኒ'ሎ፡ ገሪሙና'ሎ!
ሰብ ዝበልዖ ስኢኑ እንከሎ፧!"
ዕላል ዓሚሩ ቐጸለ
ካሳታት ተላዕለ፣
ማል ከም ጸጕሪ ረገፈ
'ንታይ ፈሊጠ! ካበይ ከም ዝተገፈ።

# ካብ መን

ጸላም ዘየፍርሓኒ፡ ጸላም ብጸላሙ፡ ጸሊም ወጋሕታ
ስለምንታይ'ዩ ጸላም ዘየፍርሓኒ ንነፍሰይ እሓታ
'ስለምንታይ'ዮም ሰባት ንጸላም ዝፈርሑዎ፣' ተመሊሳ ትሓተኒ
እዚ'ዩ ድማ ዘሕሰበኒ፡ ዘተሓሳሰበኒ፡ ዘፍርሓኒ
ዝሓተትኩዎ ኣይምለሰ፣ ኣይምልስ ዝሓተቱኒ።

ከም ተቑኒና ዝተኺሕለት ሰበይቲ - ግርማ ለይቲ
ከም ወቂቡ ዝተሰለመ በዓቲ - ጽባቐ ውሽጢ
ጸላምዶ ይግርም መዓልቲ፧
ከመይ ነጸጺልካ ከተወዳድሮም፧
እቲ ሓደ ብዘይ'ቲ ሓደ እንታይ'ኻ ክትብሎ፧
ሰብ ካብ ጸላም ምፍርሑ ኣፍሪሑኒ'ሎ
እምበር ፍርሒ ደኣ ቐደም ኣፍሪሑ፡ ሕጂ ፈሪሑኒ እንድዩ ዘሎ።

ስለምንታይ ንጸላም ንፈርሖ!
ንሱዶ ኣይኮነን ንብርሃን ብርሃን ዝሰርሖ
ፍጥረቱዶ ኣይኮነን ካብ ታሕቲ ሓመድ፣
ናብ ላዕሊ ሓመድ ዝኾምር ፍልሖ፧
ኣብኡዶ፡ ሓመድ ብሓመዱ፡ ኣብ ታሕቲ ዘይምሓሾ።

ቀትሪ፡ ልክዕ ከምዚ ጸላም ንገለ ዝገብሮ
ሽቑጥቑጥ ኣእትዩ ትሕቲ ጸሓይ የሕብኣኒ
ለካ ብርሃን ለብሊቡኒ'የ፡ ጸላም መሕብኢ ከኾነኒ
ከም ዋልታ ሰድነተይ ዝጥቀመሉ መሰለኒ. . .

ካብ መን እየ'ኸ'ባ ዝሕባእ፧
ዘሕብእ ኣብ ዘይብሉ ምሕባእ'ባ ግናይ
ቀደም፣ ካብ ፍርሒ ውሽጠይ ኣብ ውሽጠይ -
እሕባእ ነይረ ይብሉኒ ዘርከቡለይ።
ሕጂ ደኣ'ሞ'ንታይ'ዩ ጉደይ!፧
ፍርሒ ምስ ሰዓርካ ምጅጃው'ባ ጽልኡለይ።

## ሕልሚ ደርሆ

“ንድሙ፡ ቃጭል መምሓረሉ
መን'ሞ ይእሰረሉ፧!”
ጭንቂ-መከራ፡ ብልሓት ይፈጥራ
ካብዚ ተበጊሰን'የን፣ ኣናጹ ዋዕላ ዝገበራ
ኣብ ክሳድ ድሙ ቃጭል ክኣስራ!
ደቂሰን ክሓድራ
ክዕንድራ፣ ክሰራሰራ
ከም ቃሕታአን ለቜታ ከቐዳ።

ዓንዲረን፡ ዘሊለን፡ ዓሊለን
ሰናይ ሓሳብ ፈጢርና ኢለን።

ኣብቲ ፈንጠዝያ ዳንኬራ
ካብ ሃድን ደማሙ ክወጽኣ ሓራ
ሓጐሰን ክጽምብላ፡ ኳይላ 'ናተኸላ፤
ሓንቲ ኣንጭት ንጽል ኢላ
ትዕዘበን ነበረት ኢዳ ኣጣሚራ
ቃዚና፡ ምሒር ተጠራጢራ።

ብዕድመ ንኹለን ትዓብየን
ነዚ ሓሳብ ሓሲባቶ ነዊሕ ዘመን
ክዉንነቱ ኣሰኪፉዋ'ያ ዘይደርጓሓቶ
ብዙሕ ፍልጠት ኣሎዋ ዝተመኰረቶ፤
“ንድሙስ ቃጭል መምሓረሉ
መን'ሞ ይእሰረሉ!፧” ዘኪራ ኣደኣ ነደኣ ኣደኣ. . .
ሓደ እዋን ዝመሰለቶ።

“ግርም ሓሳብ'ዩ፣ ባይታ ዘይወድቕ ዘረባ
መን ግን ይእሰረሉ መን!፧”
በለተን ንደቃ፡ ንደቂ ደቂ ደቃ ሓደ ንግሆ ኣኪባ።

ሓሲበን ሓሲበን
ተዛተያ ለዘባ፣
ሓሳብ ኣቕረባ፤

'ምሩጻት ዓሌት ኣናጹ ከእከቡ
ከራብሑ፡ ከዋሰቡ
ኣብ ልሙዕ ግራት ኰዕንቲ ክሳብሑ
ፍርይ-ፍርይ ምስ በሉ፣
ቅልጽም ምስ ገበሩ
ቃጭል ክኣስሩሉ ንድሙ!!'

ኳዕናን፣ ህጣራ ድሙ
ዘይጸዓድ፡ ጸዓደ ስሙ
ቃጭል መን ክኣስረሉ፧!
ኣናጹ፧!!!

ለቒሙወን በብሓደ፤
ኣናጹ ንድሙ
ዘየለ፣ ዘይህሉ
ዘይነበረ፣ ዘይተገብረ።

# ድሕሪ ዝናብ

ድሕሪ 'ቲ ኣይሂ ዝናብ፡
ጽላል ሒዛ፣ ጻዕዳ ለቢሳ፤
ጻዕዳ ጫማ፡ ጻዕዳ ካልሲ
ጻዕዳ ቖናት፡ ጻዕዳ ልብሲ. . .
ትረግጾ፣ ነቲ ዝጠልቀየ ባይታ
ምጽዕዳው ናይቲ በረድ፡
ፈጢሩላ ባህታ።

ሽዓ። ኣርዒዱ ዘርመማ
ትሕቲ መሬት ዝሸመማ
"ካልኣይ ዘይኣኽለኒ!" ዘራገማ፤
ነጐዳን ህቦብላን
በርቅን ፉጻን፤
ዘንጐድጒድ፡ ዘብረቕርቕ፡ ዝሃምም
ጸሊም ሰማይ
እዩ ጸኒሑ፣ ዘጨንቕ ላዕላይ።

ተፈጥሮ ዝግ ምስ በለ
ጸሎት ምስ ዘሓለ፤
(ኣበይ ከም ዝዓለበ፣ 'ንታይ ከም ዘስዓበ)
ከትምለስ ኣጣሊላ
በተግ! ጽላል ኣልዒላ።

መጋረዲ ዘየድልዮ
ህዱእ ኪፍኪፍታ
ተፈጥሮኣዊ 'ሎሽን'
ናይ ሰማይ ሰላምታ. . .
ምስ ጸንሓ፤ ጽላላ ዓጺፋ
ጸጕራ ዘርጊፋ
ተፍኣቶ ኩማር እህህታ፤
"ድሕሪ ከቢድ ነውጺ
ህድኣት ኣሎ
ብዓል ዓቕሊ ዝኽእሎ!"
ነቢባ፣ ካብቲ ድሮ ሃዲኡ ዝቕጸለ ተፈጥሮ።

# እምባ ጻድቕ

ነዊሕ እምባ
ነዊሕ ሰቕታ
ነዊሕ ዝግታ፣
እምባ ዝኺዕነኑ
ሸታሕታሕ ዝባኑ
እምበረ-መንበረ-ዝመነኑ።

ብተንስተይቲ ዘይቅረብ
ተባዕታይ ደብሪ፣
ተንፋሒኸካ ዝድየብ
የማነ-ጸጋም ነውሪ፣
ምጥማቱ ዘይጽገብ
ሰማይ-ጠቀስ ደብሪ።
ከመይ ከም ዘደየቡዎ
'ታይ ከም ዝደለዩዎ፣
ሓደ ጩዓል ምራኽ
ምስኣቶም ሰቐሉዎ።

ምስ ጽምዋ ተለማሚዱ
ሰብ ምልሓስ ለሚዱ፣
ኣብ ሸኻ ሕዛእቲ
ብእልቢ-ሳዕሪ-እልቢ-ግለት ተኸቢቡ
ተወጠረ ኣካሉ፡ መንጐደ ከሳዱ።

'ኳ ከየምከኑዎ
መፋጥርቱ ንዘይህቡዎ፣
ሰሰቡሑ ኸአ ቐለቡዎ
መውጽኢ ስብሒ ከም ዝህቡዎ።

ሓደ ቐውዒ
ኣብ ደረት ጸግዒ
'ናለቐመ ሳዕሪ
ፍጥረቱ ዘዘክር
መትኑ ዝውጥር

ሰምዐ ድምጺ
ካብ ርሑቕ ታሕቲ
ካብ እግሪ'ቲ ደብሪ።

እዚ ዘይብሎ
ጠላሕ ግን ዝብሎ
ድምጺ መጻምድቱ
ናይ ተፈጥሮ ብጸይቱ
ዝርእያ ኣብ ሕልሙ
ከርእያ ዓለሙ
ተፈጥሮ ነጊሱ
ገለ ጸውዓሉ ውሽጡ ቀስቂሱ።

በተግ ንታሕቲ፡
ልዕሊ ውፍ በራሪ
ከም ሃዳኒ ንስሪ
ሃው በቲ ጸድፊ፡
ተነቕነቐ፡ ተወርወረ፡ ብፍጥነት
ጸዋዕታ ተፈጥሮ ከመይ ኢልካ ይዕገት!፧

## ጸላእቲ

ኣብ ምፍሓር መቓብር
　　　　ዝተመደቡ ፈሓርቲ
ክብልሉ ስም መዋቲ
በቲ ልምዳዊ ፍልጠቶም
ቅርጺ መሬት መሪጾም፤
ከውሒ!
　　　　ሰብ ዘይፍንቅሎ፣
ጠናግ!
　　　　ኣፍራዛ ዘየልዕሎ፣
ድቕድቕ!
　　　　ማሕረሻ ዘይክእሎ።. . .

ደልዮም ረኺቦም።
(‘ተደሊኻ ‘ታይ ዘይርከብ)

　　　　ከምስሉ፡
ናይ ኣጋጣሚ ክብሉ፤
　　　　“ርጉም እንድዩ ነይሩ ግብሩ
　　　　ኣፍራዛ ዘይፍሕሮ መቓብሩ!”
　　　　ቢሎም ኣማረሩ።

## ቀብሪ ኣልቦ ሞት

ቀብሪ፡ እካበ ሰባት፣
ንፋንዋ ሬሳ።
ሬሳ እንተ ዘየለ፣
ቀብሪ ተቐቢሩ
መልቀስ ምስዕራሩ።

ኣልቀስቲ ይእከቡ
ነቲ ሽታ ማይ ሬሳ
ኣብ ቅድሚ ዓይኖም ‘ናቐረጹ
ይሓዝኑ፣ ይበኽዩ፣ ይነጻነጹ. . .
ንኽቐብጹ።

ቀቢርካ’ዩ ግን ዝቕበጽ፤
ፋነዋ ሬሳ
ኵዕታ መቓብር
ጸሎተ-ፍትሓት ዱዓ
ምልዓል መግነዝ ሬሳ. . .
የማዕርጎ ንቐብሪ
የመቅሮ ንሓዘን
ቀቢርካ’ዩ ዝቕበጽ
ቀቢጽካ’ዩ ዝሕዘን።

እንታይ ይገበር ግን ሎሚ
ግዜ ኣይሓገዘን
ንቡር ኣይተረኸበን።

# ምስ ሞትኩ

ኣብቲ እዋን ፈነዋይ
- ካብ ጻት ንጻት -
ክበሃለለይ "ዋይ-እዋይ"
ክናፈቕ ክዝከር፡ ብሰበይ፡ ብመዘንናይ
ኣይኰነን ግን ንፈነዋ ስጋይ።

ኣነ ጥራይ ኣይኰንኩን ዝኣቱ ናብ መቓብር
ዝማልኣስ ይህልወኒ'ዩ ንዓይ ዘዘክር፣
ከለኻ ዘይልለ
ከለኻ ዝግገ
ምስ ከድካ ዝድለ
ኣይሰኣነንን'ዩ ንውዕለተይ ምስክር።

ፈቃር'የ፣ ቅኑዕ
ለዋህ'የ፣ ጽኑዕ. . .
ክላእ! ክላእ! ክላእ!
ነኣዲ ባዕልኻ ምኽን ክጽላእ. . .

(ምኽን) 'እቶም ኣቦይ ፍቓዱ፡
'ኳ'ቶም ባዕሎም ዝተናእዱ
(ክንኣዱ ዝግብኦም)
ነኣዲ ምስ ሰኣኑ ይኸሉ
ኣብ ም'ግላጽ ነፍሶም ዝጸመዱ።

## - 4 -

ሕጊ ምንባር -
ትእዛዝ'ዩ'ውን -
ግድን ብሓባር፣
ግብሪ ይሓልፍ
ግብሪ ይተርፍ።

እቲ ዓቢ ስእሊ
ሪማዊ ምስሊ፣
ሓባራዊ ክብረት'ዩ
ሓባራዊ ወፍሪ
ኣገልጊልካ ንምግልጋል ብዕሊ
ምግልጋል ብዓቕሊ።

# ሓራ ምዃን፣ ናጻ ምዃን!

መግዛእቲ ስዒርካ፡ ከም እምባ ምዅዕናን
ጸላም ገሊሀካ፡ ከም ቀንዴል ምብርሃን፤
ዘይምድናን'ዩ፡ ዘይምቕናን
ሓራ ምዃን፡ ናጻ ምዃን!
ከቢድ ደበና ኣንጠጥዩ ሰማይ
በርቀ-ነጐዳ ነቕኒቑ፣ ተተርቢዑ -
'ተሃበ ደሃይ፡
ንዘይሃርም ግን ንዘይርከቦ ማይ፤
ጾም እኽለ-ማይ
ኣስላማይ ክስታናይ
ወላ 'ቲ ዘይኣማናይ፣
ተስፋን ሃፋን ኰነ
ርእዩ ምስ ሰኣነ
ሕልና ፍጡራት ማህመነ።

እንተዘነበ፡ ክሃርም እንከሎ፤
በረድ! ነቕጽልቲ ይጸላጽሎ
ኣይሂ! ንመሬት የዕለቕልቖ፣
ነዚ ምስ መግዛእቲ ነመሳስሎ፤
መግዛእቲ ጸሊም - ጸለሎ
ራዕዲ ዝዓሰሎ
ንመንገዲ ሓርነት ይበናቑሮ
ንሕገ-ፍትሒ ይመታትሮ
ንባህጊ ናጽነት ይጸላጽሎ. . .
ነዚ ንበሎ ባህሪ ተፈጥሮ
ምስቲ መልሰ-ግብሪ ከነነጻጽሮ፤
ዘይምተር-ዘይስደር ሓርነት ህዝቢ
ዘይብለል-ዘይሃስስ ናይ ሓፋሽ ባህጊ
ኣይሂ 'ንተ መጽአ በርቀ-ነጐዳ ስዒቡ
ህቦቡላ 'ንተተላዕለ ኣይሂ ኣኽቲሉ. . .

እንታይ’ሞ!
እንታይ ማለት ደኣ’ሉ
ብቓና ሃጸይነት ‘ትድሃሉ
‘ሓርነት’ ከይሰዓር ‘ትጠራጠሩ!፧

ሓርነት ኣይሰዓርን!
ሃጸይነት ኣይስዕርን!

እንታይ ድዩ ምስጢሩ!፧
ሓፋሽ ተላዒሉ
ዝናር ኣልዒሉ. . .
ዘይንቕነቕ እንድዩ መሓውሩ፤
ሓፋሽ ሓርነት ‘ተዘሚሩ
ሓርነት ‘ተዓሊሉ
ሓርነት ‘ተደቢሉ
ሓርነት ወይ ሞት ‘ተ’ይሉ. . .
ኩቶ መላሲ ነይብሉ።
እዚ’ውን ሕጊ ተፈጥሮ እንድኣሉ።

ሃጸይነት ኣይስዕርን!
ሓርነት ኣይሰዓርን!

ግን! ግን ‘ተቕሊብካሉ፤
መቕሕ በቲኸካ ክትወጽእ ሓራ
ሰንሰለት ባዕዲ፡ ከም ናይ ናዂራ
ውዲት-ምጉዝዛይ፡ ውጥን በቪን-ስፎርሳ
ፈኸራ-ራዕዲ፡ መግዛእቲ ኢትዮጵያ
ክትተክል ፈልሲ፡ ሰውራ ኤረትርያ
ክትሃንጽ ሓይሊ፡ ሓይሊ ንኽብራ
ክላዓል ጻጸ ንሓርማዝ ክስዕራ፤
ማለት፡ ጐዛዝዩ ክመታትራ!
ጽንዓት መብረድ፡ እምነት ካራ!
እንድዩ ነይሩ ዕጥቁ-ዝናሩ
ቅድሚን ልዕልን ኩሉ - ሃገሩ
ዝሃባ ሩሑ፣ ዝሃባ ግንባሩ. . .

ሓርነት ኣይሰዓርን!
ሃጻይነት ኣይስዕርን!

ኣይሽየጥ - ኣይልወጥ፤ ባህጊ ሓርነት
ኣይሰዓር - ኣይዕገት፤ ባህጊ ናጽነት
ኣይዕሰብ-ኣይቅሰብ፤ ኤርትራዊ ክብረት
ኣይምዘ-ኣይጒዘ፤ ሪማዊ ሰንሰለት
ኣይቊርመም፡ ኣይሽርመም፤ ሃገራዊ ዶባት
አረ ሓያል'ዩ - ጽኑዕ፡ ዘይንቕነቕ ብወራራት፤
ዘይጽበብ ብእገዳታት
ዘይክበብ ብመካበብያታት
ዘይሕለል ብዝርያታት
ዘይብለል ብወይጦታት።

ሃጻይነት ኣይስዕርን!
ሓርነት ኣይሰዓርን!

ኤርትራዊ ብልጫ
ንሃገራዊ ምርጫ፤
ንቑሕ'ዩ ድሙቕ፣
ተባዕ'ዩ ጽሙቕ፣
ሓቖቕ'ዩ - ጽሩይ
ረዚን'ዩ - ፍሩይ. . .
ሓፋሽ ንምዕሳል
ሓርነት ንምፍጣር
መሪሕ - ዓረ፣
ምቊር ዕረ።
መሕደር ኣሽሓት ከሸውቱ፤
ኣሽሓት ይሞቱ
ሚልዮናት ይውለዱ
ሚልዮናት ይሰውዱ።

ሓራ ንምኺን፣ ናጻ ንምኺን
- ምጽዓይ ኣሎ ድሕሪ ምሕቋን -
ሓራ ምኺን'ዩ ግን፡ ናጻ ምኺን።

"እሞ ኣነ፡ ኣነ ከም ኣነ!
ካብ መን ድየ ኣነ፧
ናይ መን ድየ ኣነ፧
ሓራ እየ! ናጻ እየ!
ዘይቅየር ምርጫ
- መዳርግቲ ኣልቦ -
ኤርትራዊ ብልጫ!"
መዝሙራ 'ዛ ዓዲ
ዝበንጠሰ ሰንሰለት ባዕዲ።

ሓርነት ኣይሰዓርን!
ሃጸይነት ኣይስዕርን!
ናጻ ንምኺን፡ ሓራ ምኺን!
ሓራ ምኺን'ዩ፡ ናጻ ምኺን።

## ንጣር-ቀኊልዒ

1

ስሑው ክራማት'ዩ፡
ተስፋ ኣልቦ ናጤባ፤
ሓረስታይ የምባሁቑ፡
ሸቃላይ ሸቕሊ ይናፍቕ፣
ቀትሪ'ንከሎ ጸሓይና ዓሪባ።

ዝተሃሞኸ፡ ፈሳም፡ ዘኸታም ገበላ
ደባን'ዩ፣ ህጓጒ፡ ዘርኢ ናይቲ ገደላ. . .
መስከረም ኣይመስልን
ዕንበባ ዝፈሪ፣
መስከረም ኣይነበረን
ድሙቕ ወርቃዊ ሕብሪ።

ናይቲ ኤርትራዊ ዕድል፤
ዝተሰርቀ መሰል-ርእሰ-ውሳነ
ህዝባዊ ድምጹ ዝተዓፈነ
ኣብ መሬቱ፡ ርእሱ ዘድነነ
ሰላማዊ ቓልሱ ተዓፊኑ ዝተደንደነ. . .
ምስ ኰነ፤
ዕለት-ዕለት. . . ምሕቛን!!
ዕለት-ዕለት. . . ምድናን!!
ዕለት-ዕለት. . . ዕብራን!!
ዕለት-ዕለት. . . ክትራን!!. . .
ሰፊነ።

'ቲ ኤርትራዊ፣ ሕኑን ሃገራዊ. . .
ስለ ሓርነቱ፡ ንሰብኣዊ ክብረቱ
ሪሙ ክምልስ፡ እምባ ክፍርስ
ነቒለ ደኣ'ምበር. . . ስለ ሃገር
'ጥራይ ኢደይ' ብማለት፤
ኣይሃበን ኢዱ
ኣይተበራበረን ኣራፊዱ።

2

እቲ ጉዕዞ፤
ክንዮ ዝግምቶ
ስግር ዘቋምቶ
ነዊሕን ጽንኩርን
መሪርን ተሪርን፡ . . .
ምዃኑ ፈሊጡ፤
ኣይቦኾረን ኣራጢጡ
ኣየራጠጠን ኣስቂጡ፣
ኣይረዓደን፡ ብዋሕዲ ቍጽሩ
ኣይተዳህለን፡ ብግዝፊ ኣባያቱ
ተረረ፡ ተረረ ደኣ ሰብኣዊ ድሌታቱ።

ቍልዒ ከም ትጉህር
'ዳዊት' ከም ዝሰዕር
ጓህሪ ከም ዝሽብብ. . .
ሃልሃልታ ከም ዝሽልብብ . . .
እናፈለጠ፤
ኣብ ሕልናኡ ንዝቐረጸ
ከይትዝኽትም ተቐቢጻ
ከይትነብር ተሰሪቓ
ክትበርቕ ደሚቓ፣
ምስ ክብረታ፡ ኣብ ክብረቱ ክንብራ፤
ኣብ ኣደራሻት ዓለም፣
መጉቱ ብዓውታ
ሰዲዱ ምሕጽንታ፣
ተወዲቡ ብሰላሕታ
ምስ ሰኣነ ቈላሕታ!

3

እቲ መሸጐር፡ ጥኑግ ዘይንቀል
'ቲ እምባ፡ ጠላዕ ዘይሕኰር
'ቲ ዋልታ፡ ጠናግ ዘይትገር
'ቲ ጐልጐል፡ ረመጽ ዘይስገር . . . እናኾነ፤

ክንዮ ዋልታ ርእዩ
ዝተሰርቀ ድባቕኡ፣
ከምልስ፤ ሰብሰበ እጅገኡ።

ዋልታ ከተግር. . . በሪኹ ከሓድር
ክንዮጆ ዋልታ ንዘሎ ገደል-መደል
ጸላም-ጸዳፍ፡ ዓንደል-መንደል. . .
ብዘይዋልታ፣ ብዘይጭማራ
ቍልዒ ሓዊ አጕሂሩ
ከልዝብ ሃልሃልታ፤
ኣብ ጥራይ ዝባኑ
ኣብ ረመጽ ተኻዕዩ
ተንፋሒኹ ከም ለመምታ. . .
እግሪ ከተክል ብሰላሕታ
*(ጽንብላሊዕ ንምኺን ከም ኣባጨጐራ።)*

እታ ዘብለጫ ብልጭታ ከይትስወሮ
እታ ዘንከሳ ጓህሪ ከይትኽወሎ
ኣሽሓት ከሳዕ ዝሰዕቡዋ፡
ጩራኣ ክሳዕ ዝረኣዮም፣
ኣሽሓት ክሳዕ ዘለልዩዋ፡
ሕብራ ክሳዕ ዝልለዮም፣
ኣሽሓት ክሳዕ ዘንበድብዱዋ፡
ጓህራ ክሳዕ ዝሰወጦም. . .
'ታ ንጣር ቍልዒ
ዝተጸቕጠት ብእምባ ሓሙኹሽቲ. . .
ንፋስ እናቐላለዓ
ትንፋስ እናኸላለኣ፣
ትንፋስ በሊዓ
ትንፋስ ሰኺዓ፣
ሕብራ ቐሊዓ
ባና ወሊዓ።

4

ህቦቡላ የላትማ
በናቕሩ የላህማ፡
ቐጸላ-ብቐጸላ - ይሽራርፋ።

ውሕጅ ይብጽብጸ
ከጥፍእ ሰም'ዓ
ቐጸላ-ብቐጸላ - ይጨላልፋ፣
ትቕጽል ግን ንሳ
ትስጒም ንላዕሊ ገጺ. . .
ውሽጣ 'ናጽረየት
ኣባያ 'ናኣለየት።

5
መስከረም ባሕቲ፤
ነቲ'ኳ ድምጺ
'ታ ንጣር ቍልዒ
ባህጋ ኣኻኺባ. . .
ውሽጣ ጸራሪባ. . .
በሎኾ ከም እትብል
ኣብ ዝባን ከም እተንበልብል፤
ፈሊጡ'ዩ፣ ብትብዓት ዘጒሃራ
ፈሊጡ'ዩ፣ ብጥበብ ዘጐሃሃራ
ፈሊጡ'ዩ፣ ብጥንቃቐ ዘሳወራ
ፈሊጡ'ዩ፣ እምባ ዘሕኰራ. . .
ንሳን ንስነታን
ውዕሎ ኣዳል ምስክራ፤
'ታ ንጣር ቍልዒ
ፈልሲ ሰውራ ኤርትራ።

ብምኽንያት ባሕቲ መስከረም ምጅማር ብረታዊ ቃልሲ ህዝቢ ኤርትራ ኣብ ሲነማ ሮማ ዝቐረበት - 31 ነሓሰ 2017

## ዕላማ

ካብ ጸት-ንጸት
ማእከል ገምገም፣
ዓቢ ንእሽቶ
ወዶም ጓሎም፣
መለሳ ጽምኦም
‘ሓርነት!’ ኢሎም።

ካብ ጸት-ንጸት ደረቶም
ናብ ጸት-ንጸት ውሽጦም
ካብ ጸላም ናብ ጸላም መሪሾም፤
ከብርቒ ዝተሰርቀ ብርሃኖም
ከንጉዱ ዝተዓፈነ ድምጾም።

ኣብ ሜዳ ኤርትራ
ዝተተኽለት ሰውራ
ሃገር ሰራውራ
ናጽነት ፈጢራ።

ኣበየ’ሎ ‘ቲ ኣፍራዛ
ኣበየ’ሎ ‘ቲ ባዴላ
ክንኲስኲሳ፣ መ’ገዲ ማይ ክንጸርገላ።

## ሰንሰለታዊ ሓድጊ

ጸዋዕታ ኹይኑዎ -
ኣብ ውሽጡ ዝድህ ደሃይ
ዕሽሽ ዘይበሃል ሪማዊ ጉዳይ፣
እንኮ ድቂ ገዲፉላ
ዘይምሕር ናፍቖት፣ ሻቕሎት ኣንጺፉላ
ወፈረ ናብቲ ሃገራዊ ክተት
ንሳን ምስ ትጽቢት ኪዳን ተረጋረገት
ምስ ከርተት ናብራ ተፋጠጠት።

ዓሰቢ ደልያ ኣብ ትጽልየሉ
ትምነ፡ ግዜ ክመጽኣላ ናጽነት እትርእየሉ።

ሔማኣ ምስ ተዋሕጠ ኣብቲ ገድሊ
ደሃይ ስኢና፡ ተጸብያ፡ ተጸብያ ብዓቕሊ
ንገድሎም ቀቢጻ መተካእታኡ ሒዛ
'ዓወት' ሰመየቶ ሰናይ ፋል ክኾነላ።

ስም ይመርሕ. . . ስም ይበርህ
ዓወት ኣብ ናጽነት፡ ከይዱ ኣኺሉ
ነቦኡ መሰለ ሕድሪ ተቐቢሉ።

ሓደ ንሱ፣ ከም ሓሙሱ
እንኮ ጸንታ፣ እልቢ ዛንታ
ንናጽነት ሃገሩ ርሒ ዘግዘማ
ጅግና ተሰምዩ፡ ወዲ ጅግና
ዓወት'ውን ተሰዊኡ ኣብ ውግእ ባድማ።

'ገድሎም ንናጽነት!
ዓወት ንልኡላውነት!'
ኣድሚጻ 'ታ ደ
መሻርብ ኣዒንታ፡ ንብዓት እና'ውሓዘ
ሓይሊ መንፈሳ ንያት 'ናዕዘዘ
ብርሃን ወሊዓ፡ ብርሃን ሽምዓ
ጸዳል ጸላም፡ ዘይጠፍእ ስምዓ።

ኣብተን ዝተረፉ ውሑዳት ዓመታት ዕድመ
መስዋእቲ ዓወት ሰሚዓ ዕረፍታ ክትጽበ፤
ፍሽኽታ ኣስናና እናደመቐ
ሓይሊ መንፈሳ እናተጨነቐ
ስጋዊ ኣካላ እናሓመቐ. . .
ህጻን ሓዚላ ደበኽ ጐርዞ
በተግ! ሓይሊ ካበይ ከም ዘምጽኣቶ
ዓለለት፡ ነጐዳዊ ድምጺ ካበይ ከም ዘውጽኣቶ።

# ናቕፋ እምባ

I

ናበይ ኣቢሉ ‘ቲ ትኪ፧
ኣበይ ጽሒዩ ‘ቲ ኣይሂ፧
ኣበይ’ሎ ‘ቲ መዓት፧
ንመን ሓርዩ ‘ቲ ኲናት፧!

ሓጺነ-መጺን ኵምራ
ሺሾ ሰራዊት
ናበይ ኣበለ
‘ቲ ንናቕፋ ከንበርከኻ’የ ዘለ፧

እምባ ጽኑዓት
ዋልታ ድፉዓት፣
ደንደን በሪኽ
ፋርኔሎ፡ ቮሊቮል
ታባታት ተቐባበል . . .
ኣበይ’ለዉ ሕሩያት
ዝሰፈሩኹም ውፉያት
ሰብ ዛንታ ገንሸላት
ሰብ ውዕሎ ዕሸላት፧

ዕድመ ንእስነቱ ከይበቐቐ
ፍቕሪ ደቂ ከይጸገበ
‘ቲ ብጻይ ናበይ ኣበለ፧
‘ታ መርዓት ገዛ
ኣጥብያ ከየዕኰኸት ውላዳ
ብዘይጠዋሪ ራሕሪሓቶ ስድራ
‘ኳ ዘየልዓለቶ ዝተቐረበ መኣዲ
ከይዳ ግን ቀጺላ መንገዲ።

እዛ ናቕፋ ናይ ሎሚ
ኣዘኪራትኒ ትማሊ፤
ናፊቐ! ናፊቐያ ሽደን!
ቦኽሪን ሕሳስ-ልደን

ከይበሃገት ትርፊ ማህጸን
ኣኺሉዎ'ዩ ስጋዊ ዛንታኣ
ሓድጊ የብላን ስድራ - ንሳ እንተ ተሰዊኣ፤
ንህጁም ግን ቅድሚት ተሰሪዓ
ንመውጋእቲ ቅድሚት ተሰሪዓ
ንጥሜት-ጽምኢ ቅድሚት ተሰሪዓ
ንመስዋእቲ ቅድሚት ተሰሪዓ. . .
ንዓይ-ይጥዓመኒ ድሕሪት ሰሪዓ
ለካ ደሚቑ ብርሃን 'ዛ ሽምዓ
ስማ፡ መንፈሳ፡ ንያታ የንጠብጥብ ስምዓ።

እዛ ናቕፋ ናይ ሎሚ
ኣዘኪራትኒ ትማሊ፤
ናፊቐዮ ዓርከይ
ትኽ ትንፋስ መቑርሰይ
ኣቤት ብልሒ፡ ብልሒ መላጸ
ርግእ ኢሉ ንዘዝመጸ'
ፍጹም ረሲዑዎ ሰብነቱ
ምስ ናቕፋ ተመሓዝዩ ባህጊታቱ
ማዕረኣ ጸይሩዎ ኣይሂ-ደብዳባት
እናተፈናጨለ 'ዓወት ንሓፋሽ!'

ለካ ደሚቑ ብርሃን 'ዛ ገዛ
ምድሪ-ቤታ ተወሪቑ፣ ቐሊዑ ወ'ዛ
ወርቂ ትሕቲ እግሮም መስዋእቲ ዝመርጹ
ሉል ሰንጢቖም ንሪም ዝዋደቑ. . .
ምስ ወለደት፣ ምስ ከፈለት።

እኽብካብ ዓጽመ-ደሞም
እምባ-ናቕፋ ፈጢሩ፣
ዓሰቢ መስዋእቶም
እምባ ሃገር ኳዕኒኑ፣
ትርጉም ትውፊቶም
መኸተ ልዑላዊነቶም፣
ኩሉ ዝረኣየት ናቕፋ
ዕርዲ ጽኑዓት ናቕፋ

እምባ ጉራ ረፍሪፋ
እምባ ሓቂ ረቢባ
እነሆት ዓንቢባ
እነሆት ሃቢባ!

II

"እዚ እምባ ከመይ'ሉ በሪኹ፧"
ቀሊል ሕቶ ኣይትሕተቱ
ረዚን'ዩ ሰረቱ
በዕጽምቲ መን ድዩ ተሰሪቱ፧!

"እዚ ሩባ ከመይ'ሉ ዛርዩ፧"
ቍንጣሮ ሕቶ ኣይተልዕሉ
ቀይሕ'ዩ 'ቲ ሕብሩ
ደም መን ድዩ ኣውሒዙ!

"እዚ ጐልጐል ከመይ'ሉ ጐልጒሉ፧"
ጸቢብ ሕቶ ኣይትሕተቱ
ደረት የብሉን ስፍሓቱ
ስጋ መን ድዩ ተቐኒቱ!፧

"እዚ ሰማይ ከመይ'ሉ ደሚቑ፧"
ሃሳስ ሕቶ ኣይትሕተቱ
ርኣዩዎ ድምቀቱ
ሕብሪ መን ድዩ ተቐሊሙ!፧

## ተጋዳላይ

ንናይ ሓፋሽ ባህጊ
ከይበለ ንውልቀይ ዓስቢ
በጃ ከሓልፍ
ቅድሚት ዝሰለፍ
ግንባሩ ንዓረር
ነታ ናጽነት እተምጽእ መስፈር፣
ንያቱ ንገድሊ
ምዝመዛ ከአሊ
ናብ ኣጻምእ ገደል
ንናይ ሓርነት ደወል
ኵሉ ከኽፍል ዝነቐለ
ንሓርነት ሓፋሽ ዝተኸፍለ።

ዳግማይ ከም ዝፍጠር
ኣካሉ ብፋሻ እናተጠቕለለ
ከምታ ሽዳኡ፣ ከምታ ኩዳኑ
ተለጋጊቡ ዝቐጸለ።

ደም ቲፍ-ቲፍ 'ናለ
ይጓዓዝ ይምርሽ
ወዲቑ እናተላዕለ
ይስጕም ይግስግስ
ዕረ 'ናጠዓመ
ጣዕሚ-ህዝቡ የንግስ።

ብቓንዛ እናሓረረ
ንዕላማ ከይተሓለለ
ናጽነት'ዩ እቲ ሕቶ
ዘይቅየር ሽቶ
ነዚ መን ይዓግቶ፧

ባህሪ ናይቲ ዕማም
ፈጺሙ ዘይግለል፣
ባህሪ ናይቲ ሰብ
ፈጺሙ ዘይሕለል።

ኣስዳዕቲ ባህርያት
ናይ ህይወት ጠለባት
ዘይስገር እናኾነ
እናፈተነ፣
ንገለ ይብትኖ
ንገለ የድንኖ
ተቓላሳይ ነዚ ይኸንኖ፤
"ኣጆኺ ነፍሲ፡
ኣብ መትከልኪ ንኸሲ!"
ይብላ ሕድሩ እናጸብጸበ
ረሃጹ እና'ንጠብጠበ።

ድሕረይ ሳዕሪ ኣይብቑላ ነቒሉ
ሻኻ ኣብቁሉ
ይቐጽል ኣብ መስመሩ
'ህዝበይ!' መዝሙሩ።

ንርሁው መጻኢ፣ ፍትሒ ዝሰፈና ሃገር
እሙን ኣገልጋሊ፣ ንጽባሕ በሃሊ
ወትሩ ዝውፈ፣ ሕድሩ ከይገደፈ
ዋጋ እናተኸፍለ፣ ዋጋ ዝኸፈለ።

ዓሰቢ ናይዚ ኹሉ
መዋእል ገድሉ
ስልጣነ ሃገሩ።
ህንጸት ሃገር
ዘይውዳእ ጾር
ልምዓት ከም ኲናት
ኩሉ ብጽንዓት
ብትብዓት!!

ተጋዳላይ ሃምበል
ብፈተነታት ዘይሕለል
ካብ መስመሩ ዘይግለል
ወትሩ በዓል መትከል
ዝቕጽል 'ናተቓጸለ
ብዋዒ ካብ ሓዲድ ዘይእለ።

# ኤርትራዊት ሰብ

ቃልሳ፡

ብረት ምልዓል ጥራይ ኣይነበረን
ነታ ኤርትራዊት ሰብ።

ዝብድሁ፡

ተባሕጐጐም ዝድርበዩ
ብዙሓት ነይሮም
ድሑራት እምነታት ዝበለዩ
ብሰውራ ጥራይ ዝእለዩ።

ምርብራብ ምስ ህይወት፤
'ማይዶ ጸባ!'
ኣብ ቅድመ-ግንባር
ግንባሩ ንዓረር
ንእስነታ ንሃገር፣
ወፊራ ኣብ ኩሉ
ከፊላ ኹሉ
ከትሓድር ልዕሊ ኹሉ፣
ብትካቦ ዘይመጽእ
ደማ ዝመጸ'
ማዕርነት ንኹሉ
ኣፈላላይ ዘይብሉ።
ፍትሒ ከተንግስ
ናብ ጸላም ትግስግስ፣ ንኽትነግስ።

በብዓይነቶም ልምዲታት
ከጸቕጡዋ እናበሉ
ኣይጽቀጥን ኢላ፣
ጽንዓት ኰይና ተሰሊፋ
በጃ ሓሊፋ!

ነቲ ገድሊ ህዝቢ
መመሊሱ ዝዓቢ
ድልድል ኰይና መሳገሪ
ጋባ ኾይና መጽለሊ፣

ህይወት 'ናጠለባ
ሞት እናሃባ
ስቓይ 'ናኸበባ
ካብቲ እሾኽ - ዕንበባ
ካብቲ ስቓይ - ኣበባ
ራህዋ ካብ ጸበባ
ጸባ ካብ ማይ-ጨባ
ከትፈጥር ሩሓ ሂባ።
ኣይተሰነፈትን፣ ኣይሃበትን ኢዳ
ዓጢቓ፡ ኣዕጢቓ ውላዳ
መኪታ፡ መሰላ ኣውሊዳ።

ስግር 'ቲ ስቓይ
ንዝበርህ ሰማይ፣
ኩሉ 'ናኸፈለት
ዕጥቃ ከየዝለቐት፣
ቅድሚት ተሰለፈት
ድሕሪት ከይተረረፈት።

ዝኸሪ ንውዕለታ
ንኽብሪ መስዋእታ፣
ናይቲ ኩሉ ዝሓተተ
ህይወታ ዘኸተተ፣
በሪሃ ቐንዴል
ነጊሱ መሰል
ተራሒዩ ዕድል
እናሻዕ ብቓልሳ ዝድልድል።

---

ብምኽንያት 8 መጋቢት መዓልቲ ደቀንስትዮ ዝቐረበት - 2017

# ሓድነት

ዝሓበራ ኣጻብዕ ኣርቃይ ከጸንብዓ
ገለ ነይረን ኣብ ጕዕዞ ዝተበስዓ
ደመን ቲፍ-ቲፍ እናʼለ፡ ብጾተን ከየግድዓ
ንውሽጠን ከዓዋኦ ቃንዛ ከየስምዓ።

ጭልምልም ብርሃን፡ ብርሃን ሽምዓ
ንኸይጠፍእ፡ ከይጽንቀቕ ስምዓ
ንኸይከዖ፡ ከይዛሪ ኣንጕዓ
ተጸሚመን ደም ʻናነዝዓ።

ምጽማመን ትሪ ወሊዱ
ንኣርቃይ በተኻኦ ጽምደን ሰዊዱ
ሽው ደልዲለን፡ ባና ተራእየን
ንኹሉ ጸይረን ሳቨያ ኢለን።

# እግሪ-መኸል - 1999

ውዳቕ መዳፍዕ
መሬት ነቕኒቑ፣
ንዳድ ሓጻውን
ዑብ-ሃል! ጉሂሩ፣
ጸሊም ማዕበል
ጸሊም ሰማይ ፈጢሩ፣
ዝተዘርወ ሬሳታት
ዝተበታተኸ ኣካላት
መሬት ከዲኑ፣
ዝዛረየ ደም
ፈኻሕካሕ - ደሪቑ፣
ሽታ ቓሬት
ንላዕሊ ተበቲኑ፣
ቃንዛ-ኣውያት
እናሃጠመ በኒኑ፣
ጸሊም ኣሞራ
ንታሕቲ ጠኒኑ፣
ግዜ ከጸባጽብ
ግዜ ከመሓሰብ
ጸሊም ጸጥታ ሰፊኑ።

ከሳድ እግሪ-መኸል፡
ከሳድ ሒዛ
ከሳድ መንጢላ፣
ዘይከም ምሕጻራ -
ምትራራ፣
ኣይተኻእለን ምስጋራ
ኣይተኻእለን ምጥሓራ።

---

ኣብ መጽሓፍ "መኸተ"፡ ዛንታታት ተመኩሮ ገድሊ ቅጺ - 9፡ ዝወጽአት።

# ከርከበት

ትማሊ፡ ትማሊ፡ 'ቲ ትማሊ
ክረምቲ መጸ'፡ መጸ' ክረምቲ. . .
ሩባ ወሓዚ
ዝሓዘ ሒዙ
ይዕዘር፡ ይኸይ ነይሩ
ንታሕቲ ገጹ፡ ዶብ ሰጊሩ።

ኣብ ምዕራባዊ ጐላጕል ዓደይ
ሰጣሕ ጐልጐል ተጠማቲ
ማይ ዝናፍቕ ሃብቲ
ሰቡሕ ማና ሕዛእቲ
እንትርፎ ሳሕቲ፡ ሳሕቲ ኣብ ክረምቲ
ጥለት ኣልቦ
ምህርቲ ዘይርከቦ
ምንብሃቑ ነጊሱ
ጽጋብ ኣልጊሱ
ንብር ነይሩ።
ትማሊ።

ፍጡራት ናይቲ ከበቢ
ማይ ይዘንቦም ኣብ ክረምቲ
ጕዕዞ ማይ ይርእዩ ወሓዝቲ
'ቲ ሓመድ ዝተመሳሰሉሉ ሓመዶም
ተባሕጐጉ ከዕዘር ይርእይዎ፣ ይርእይዎ ቃዚኖም
ከዓግትዎ እንታይ ዓቕሚ ነይሩዎም።

ግዜ 'ተሓሲኡ
ክረምቲ 'ተኸሊኡ
መሬት ይባድም ምስ ሃብቱ
ጓሳ ይማስን ምስ ጥሪቱ
ይሳግም ከድሕና ህይወቱ
ከርተት'ያ ዕረፍቱ።

ቀዋምነት ናብራ ንዕኡ ጓና፤

ድብን ናብ ዝበለ ሰማይ
ጥብ ናብ ዝበለት ማይ
ቅልቅል ናብ ዝበለት ሳዕሪ
ካብ ጻዕሪ ናብ ጻዕሪ
ኣብ ድኻም ይበሊ።
ከይድ ውዒሉ
ከይድ ሓዲሩ፣
ከይድ ወሪሑ
ከይድ ሓግዩ. . .
ምስ ሰቡሕ መሬቱ
ምስ ስፍሓቱ
ጨው ፈርዩ፣
ብጥሜት ጽምኢ ዝረግፉ
ብድኻም ጻዕሪ ዝሓልፉ፤
'ናኹና ጥሪቱ
'ናሳገመ ካብ ቤቱ
ተስፋ የንብር
ናብ ሰማይ ኣዒንቱ።

ጽምኢ ንመንፈሱ
ጽምኢ ንህይወቱ
ጽምኢ ንኣካላቱ
ጽምኢ ንጥሪቱ
ጽምኢ ንመሬቱ. . .
ምስ በሓቶ
ነቲ ሩባ ብኣንኰሮ ይጥምቶ
መንገዲ ወሓዚ ምዃኑ ረሲዑ
ይምህለል ፈልፈሉ ከነዝዓሉ
ሽይኹ፡ ሽያይኹ ማይ ምስ ሰኣነሉ።

ሰማይ ምስ ደንጐየ
ሰርቢ ምስ ኣበየ፣
የንቃዕርር ንላዕሊ
ነቲ ጽሩይ ሰማያዊ
ደበናታት ይስእነሉ
ይሳግም ክርኢ ዕድሉ

ይምርሽ ጠቐሊሉ፤
ናብቲ ካብ-ክትረክብ-ክትስእን-ዝቐለሉ
ኣብ ከርተት ይሓልፍ መዋእሉ።

ሎሚ፡ ሎሚ ’ወ ሎሚ!
ኣንጊሆም ወፋሮ ወፈሮም
ሻማ-ሻማ፡ ኢደይ-ኢድካ’ይሎም
ተፈጥሮ ቐይሮም
ተፈጥሮ ፈጢሮም።

ሎሚ፡ ግዜ ኣኺሉ፡ ግዜ ከረምቲ
ደሃይ ሰሚዑ፡ ነጐዳ-በርቂ
ጠሚቱ ላዕሊ፡ ጠሚቱ ንታሕቲ
ክንዮ ዝግምቶ፡ ቀንበይበይ ጸግቢ
ዝኸርም-ዝሓጊ፡ ዘኸርም ዘሕጊ፤
ርእዩ ማይ ተዋህሊሉ
ማይ ዓሲሉ
ማይ ፈልፊሉ
ማይ ኣዕሪፉ።
ሸዓን ኣብኣን
ደስታን ፍስሃን
ሩፍታን ባህታን፤
ዓሲሉ ኣብ መንፈሱ
ኣብ ጥሪቱ
ኣብ መሬቱ።

ሎሚ!
ምትእኽኻብ ኲይኑ
ምስጋም በኒኑ
ሰብ ከም ንህቢ
ዓሲሉ ይዝምቢ
ከርተት ነጊፉ
ኣብ ልምዓት ኣዕሪፉ
ይወላውል ኣሎ ዕርፉ።

እነሆት ሎሚ ነጊሳ ከርከበት
ነጊሳ፡ ገስጊሳ፡ ከደት ኣርከበት. . .

ካብ እናቐረብካዮ ዝርሕቐ
ርሑቕ ዘቕርብ ዕቤት ኣመዝገበት
መኣዲ ሽሻይ ቀሪባ፡ ሰባ ኣኻኺባ
ኢዳ ዘርጊሓ ትብል ኣላ
መርሓባ፡ መርሓባ፡ መርሓባ. . . እነሆት።

መቐጸልታ ውሽጣዊ ምረቓ
ንድሕረቱ ዘሕምቓ
ኣብ ደረት ናይቲ ሩባ
ስግር፡ ስግር 'ቲ ታባ
በረቕረቕ ዝብል ቀላይ
ምስጋም ዝሰዕር ሽሻይ
ሽሻይ ዝመልእ ቀላይ
ሓቖቕ ማይ!
ርእዩ ዕድሉ ጸቢቓ
ጸሓዩ መሊኣ በሪቓ።

ሎሚ፡ ህዝቢ ዓለለ፣ ህዝቢ ደበለ
ሴፉ መዚዙ፣ ሽምጡ ሰበረ፡
ሽሊል ተቜኒና፡ ንድሕሪት ቀኒና
ጭማራ ወርዊሩ፡ ዋልታ ገቲሩ
ምስ ሰቡ፡ ምስ ደቂ ዓዱ
ሓቢሮም ሰጊዱ
ምስጋና ሰደዱ፤
"ከርከበት ከደት ኣርከበት
ከርከበት ማይ ኣከበት
ከርከበት ሰብ ጠርነፈት
ከርከበት ልምዓት ተቐነተት፡"
ዘመሩ በቲ ቐኔኣዊ ቅኔኦም
'ናንበድበዱ ሳዕስዒታዊ ከንፈታቶም
ንመጒስ ናይቲ ስእነት ዘድነነሎም።

ሃየ በሊ ሃየ መርሺ ከርከበት
ነዚ ጐልጐል ጠቕልልዮ ከም ተንኰበት
ነዚ ልምዓት ተቐነትዮ ከም ልውየት፤
ምስ መዛኑኺ፡ ምስ ደቂ ዓድኺ

ምስ ምስላም፡ ምስ ጠቐራ
ኣብ ከበሳ-ቈላ፡
ምልእአ መሶብ ኤርትራ፤
ሃየ በላ
ኣሰስና ጥሪት
ኣብ ልምዓት ንቕድሚት. . .
ምስ ገርሰት፡ ባደሚት. . .
ማይ ህይወት፡ ማይ መድሃኒት።

ኪዲ በሊ ኪዲ ከርከበት
ኪዲ ሰጒሚ
ማርሻ ልምዓት ልጐሚ፣
ቊራዕ ሓምሊ ወጺኡ
ክኣቱ ገዓት ጠስሚ
ሎሚ ካብ ትማሊ
ጽባሕ ካብ ሎሚ
ጽባሕ-ጽባሕ ክሓይሽ
ሓንጽጽዮ ትልሚ
ንቕድሚት ሰጒሚ።

# መቓልሕ 'ዚ ቦታ

ናይ ሰብ-ሰብ ዝደመየሉ
ካብ ዋሕዲ ሕልፊ ዝተኸፍለሉ፣
ቅኑዕ-መትከል ተኺኒኑ
ድምጺ-ሓቂ ተዓፊኑ
ከም ጨርቂ ዝበለየሉ፣
እዚ መድረኻት ኤርትራዊ ዕድል
እንታይ'ዩ ሓቲቱ እስከ ነቕልበሉ፡
እስከ ነስተውዕል።

ዓመጽ ዝነጐደ፡ ቃንዛ ዝወረደ
ዝጠልብ ከንድበ፡ እናሻዕ ከንጽበ
መስዋእቲ! መስዋእቲ! መስዋእቲ!
ሕርያ-ሕሩያት፣ ብሉጽ-ብልጽቲ
'ቲ ክቡር ዋጋ፡ እቲ ዝኸበደ
በዚሑ'ምበር ነይወሓደ።

ሰብና ሰንኪሉ፡ መሬትና ባዲሙ. . .
ኣሰሩ'ሎ፡ ኣሰሩ ኣብ መንፈስና ተቐሊሙ
ብጥቕሉሉ፡ ብሓያሉ፣ ብርሑሱ፡ ብብርኹቱ
ተደጒሉ፡ ብንዱዱ፣ ኣንጐድጒዱ፡ ብድብዱቡ።

ኤርትራ! ኤርትራ! ኤርትራ!
ደመ-ኣካል ዘቑማ
ሳሕል ናይ ጽንዓትና ኣርማ
ኤርትራ! ኤርትራ! ኤርትራ!
ደመ-ኣካል ዘቑማ
ንልኡላውነት ተገዲማ
ኣብ ጐላጒል ባድማ. . .
ኤርትራ! ኤርትራ! ኤርትራ!
ጸኒዓ! ጸኒዓ! ጸኒዓ!
ዕርፊ ጽንዓት ኣጽኒዓ
መዝሙር ሰላም ወሊዓ።

መንእሰይ! መንእሰይ! መንእሰይ!
ካብ ከርተት ናብ ከርተት ከየዕረፈ
ካብ መስዋእቲ ናብ መስዋእቲ ከይተናገፈ
ይተኻኻእ ወለዶታት
ይቐውም ጽንዓታት
ትኽ ኢሉ ቀጥ ኢሉ
ኣብ መንፈሱ ዓሲሉ፤
ብዓጽመ-ደም ሰማእታት
ቈመ'ዚ መሕደር ኣሸሓት!!

ስለአ-ንኣአ፡ ኣንጊሆም ዝወፍሩ
ከርተት ዝሓድሩ፣
ኣብ ውዑይ-ኣብ-ዝሑል
ፍጹም ዘይቦኾሩ
በርሀ-ጸልመተ መትከል ዘይቅይሩ
መካበብያ ሕሰማት፣
ዛሬባ በደላት ብመስዋእቲ ዝሰዕሩ።

ዋርሳይ! ዋርሳይ! ዋርሳይ!
ከመ'ቦኡ ተኳሳይ፡ ከመ'ኖኡ ተቓላሳይ
ከም ነብሱ ወራሳይ-ኣውራሳይ-ዋርሳይ
ዋሕስ ሃገር ሽደን
ኣርማ-ጽንዓት ደንደን።
ንኣግእዞ ሃገር፡ ኣግእዞ ሕብረተሰብ
ጸበባ-ዕብለላ ደም ንኽሕለብ
ብብልጽግና ክዕንበብ፡ ብፍትሒ ክጽገብ
ይስውኡላ ነዛ ሃገር
ሰብ ሕድሪ
ሰብ መትከል።
ከመይ'ላ'ሞ ክትሰዓር!
ከመይ'ላ'ሞ ክትትገር፤
ከመይ'ላ'ሞ ክትሕለል!
ከመይ'ላ'ሞ ክትስፍለል፤
ካብ መትከላ ዘይትግለል
መስዋእቲ'ዩ መንጸፋ፣ ሃገራዊ መጽለል
መስዋእቲ'ዩ ብርሃና፣ መዓርፎኣ ጸዳል።

"ናይ መኸተ ጉዕዞ
ደመ-ረሃጽና ዝፈሶ
ጽንዓትና ዝቐልሶ፣
ዝባንና'ዩ ማእገር
ኣበደን ዘይንድሕር
ካብ መብጽዓ ዘይንበኩር!"
ኢሎም'ዮም ዝሰውኡላ
ጸኒዖም ዝጸንዑላ
ጥንቅቕ ንበል 'ዞም ንነብረላ
ነስተውዕል፡ እዞም ንሕምብጠላ
እሕሕ! ዓገብ! እዞም ንሽቅጠላ
መስዋእቲ ሓላላት'ዩ ጽላላ
ጽላል'ምበር ጽላ'ለ ኣይንኾነላ።

"ንዓኣን ስሌኣን፡ ኣብኣን ብኣኣን
ንምሕል ንጥሕል፡ ንምርሽ ንቕጽል
ንሳ'ያ ጉዕዞና፣
ንሳ'ያ ምዕራፍና፡"
ኢለን ዝወደቓ፡ በደል ንኸውድቓ
ጥንቅቕ ንበል 'ዞም ንነብረላ
ጽላል'ኳ'ብልና ብዘይ ጽላላ
ጋቢ ደርቢ'ኻስ ብነጻላ!!

ነቢብናዮዶ መስዋእቶም
በቒዕናዮዶ መትከላቶም
ሰሚዕናዮዶ 'ዚ ጸዋዕታ
መቓልሕ 'ዚ ቦታ!!

## ድምጺ ስቕታ

ሰጥ ኣካላትና
. . . ጸጥ ከባቢና. . .
ኣስቅጥ ህዋሳትና፣
ንሽመም - ንወሓጥ
ህልም - ንጥሕል
ዝኽሪ ይወረንና፣
ኣድማስ መስፈሪኡ
ባሕሪ ‘ዚዝኽሪና።

ናይ ደቒቕ ደውታ
ኣራእስና ጠቒስና
መንፈስና ናብ መቓብር ሰማእታት፡
ሰፈር ውፉያት፡ ኣጊሽና፣
ንዝከር ደኒንና
ምድናን ዝሰዓሩልና።

ኣብ ሓጺር ዝኽሪ
እልቢ ኣምሳላት ፈጢርና
ውዕሎ ሰማእታት ጸብጺብና
ንምጒት ምስ ሕልናና. . .፤
“‘ታይ ንዕደዮ ህይወቱ ዝኸፈለ
ምእንታና መሮር ዝሓደረ፤
‘ታይ ንዕደዮ ከማና ሰብ
ንፍትሒ፡ ራህዋ፡ . . .
ምንጻፍ ዝኾነ!፤”

ኣብ ስጥመት ውሽጢ
ዕላል ምስ ሰማእቲ
ከመይ ነካውኖ
ኣብ ዝነቕሐ ውኖ
እንታይ’ዩ ‘ቲ እንብሎ፤

‘ታይ ንዝከር! እንታይ ይመላለሰና፤
ኣብ ምስሊ ሰማእታት ከመይ’ዩ ምስልና፤!

ሓኺኽናያ'ዶ ነፍስና
ሕልናና ኣቕሲንና፧
ወይስ ብንስሓ ሓጥያትና ከዊልና፧

"ዓወት ንሓፋሽ!" ኢለን ዝሓለፋ
"ዓወት ንሃገር!" ኢሎም ዝሓለፉ
እንታይ ንዕደዮም ጸላም ቀንጢጦም፡
ብርሃን ዘትረፉ፧

ኣርማ ቓልሲና፤ ሰብኣዊ ክብረት።
መትከል ህላወና፤ ሰብኣዊ ክብረት።
ራእይ መጻኢና፤ ሰብኣዊ ክብረት።
ጸብጺብናዮ ዶ መጋብርና ዕለት ብዕለት፧

ድሕሪ 'ቲ፤ 'ሰዉኣትና ንዘክር!'
ረዚን መዘክር
ኣራእስና ኣድኒንና
ምስ ጠሓልና ኣብ ውሽጥና
ኣብዛ ሓጻር-ነዋሕ ስቕታ
ናይ ኑዛዜ ደውታ
ብዘይስማዕ ውሽጣዊ ዓውታ
ድምጺ ዘለዎ ነጐድጓድ ዝግታ፤
ጸጥ ምስ በለ ግዜ
ጋህ ምስ በለ መልኣከ-ኑዛዜ
'የማን-ሰላም ዕረፍ!' ምስ ተኣዘዘ
"ዓወት ንሓፋሽ!" ዶ ኣድሚጽና!
ምስልና ከንርኢ፡
ብምስሊ ሰማእታትና፧

# እርበዳ

ዝባላዕ ጽምዋ ዓሰሎ
’ቲ ርሑው ጐደና ናይ ህላወ፣
መሬት ዝውሕጥ ተጋሕተነ -
ናይ መልኣከ ሞት ድነ።
እንዶ ኣይነበራን እዛ ንጽህቲ ዓዲ
ኣይ-ብኢዳ-ኣይ-ብእግራ
ትፈልጦ’ኳ ኣይነበራ
ሕሱም ሓደጋ ወረዳ
ንጽንተት ዝፈረዳ።

ሕኑን ሓይሊ ጸላኢ
ዓመጸኛ፡ ድሑር ገዛኢ
ዶብ እንዳ’ማቱ ሰጊሩ ከይኣኸሎ
ህልቂት ደቀባት፡ ደም ተኸሎ
መሬታ’ምበር ሰባ እንታይ ኢሉዎ
በድራጋ፡ በልማማ ተኰሱ’ዩ ንቤታ ብደማ ዘጨቀዎ።

ዘይተገርሐ ህላላ ዓማጺ፣
ደም ሰብ ዝመጺ።
ንህልቂት ወፈረ፤ ዘዝረኸቦ ’ናመንጠለ
ውሻጠ ኣትዩ ሰብ ቐንጸለ
ኣደን ናጽላን እናነጸለ፣
ደምበ ጥሒሱ ጥሪት ቐተለ. . .
ዘስካሕክሕ ስቅያት ኣኸተለ።

እዚ ሕኑን ኣራዊት፣ ገባቲ ሰራዊት
ከናዲ መጽሓፉ፡ ናይ ዓመጹ መርወዩ
ከም ሕኑን ደመኛ፣ ዘማቲ ኣረመኛ
ብቓጻ ብድሎ፣ ንሰብና በልማማ ቐንጸሎ።

ቤት ጸሎት ዘርፈደ ሽማግለ
ህርኰት ሽቓላይ፡ ወፈሩ ዘወዓለ
ደቃ ከተጥቡ እትጓየ ኣደ
ጥሪት እምባሕ-እምቤእ እና’ላ

ናብ ደንበኣን እንከብላ. . .
ግዜ ከይፈለየ
ብተመልከተለይ! ብድሎ! ብቓጻ!
እናሰሓበ ቓታ
በቲ ደርጐኛ ብድዐ፣ ዕዉር ስሰዐ፤
        ኣጥባት ኣዴና ቑረጸ
        ክብረት ሓውትና ተጋሰሰ
ህይወት ኣጒባዝና መልዓሰ።

መስቀል ኣብ ኢድ ቀሽና
መቑጸርያ ኣብ ኢድ ሼኽና
ሃከቲ ጸወታ ቑልዑ
ኣደራራስ ኣብ እንዳ መርዑ
ሽማግለታት ሸዊት እናበልዑ. . .
ሃንደበትʼዮም ከቢድ ተኸሲ ዝሰምዑ።

ጓና ምስሊ፣ ዘይናታቶም ዘርኢ
ክሩህ ገጽ! ፍቕሪ ኣልቦ፡ ʼንትርፎ ጽልኢ
ዓጢቖ ከሳዕ ዓንቀሩ
ብሽታ ደም ሰኺሩ
ፍጡር ከም ዘይኰነ
ፍጡራት ዘምከነ
ሓጺነ-መጺን ዓጢቖ
        ህሩግ ደኣ በለ. . .

ነፍሰ-ጾር ኣደ፣ ዋልታ ዘይብላ
እናጐየየት ከትሓልፍ በጃ ዕሸላ
ኣድራጋ ጥይት ኣብ ኣፍ-ልባ ኣዝነበላ
        ውሕጅ ደም ዛረየ በቲ ገበላ።

እንታይ ኣፍለጦ ክብረት፤
        ዓመጸኛ፡ ብሳንጃ ዝብትብት
እንታይ ኣፍለጦ ርስቲ፤
        ዓማጺ እንዳማቱ ዘማቲ።

ቃንዛናን ስቓይናን ዘይስቆሮ!
        ክሳድ መናእሰይ መመንጢሉ ኰመሮ።

ቃንዛናን ስቓይናን ዘይስቈሮ!
　　　　ማህጸን ኣዴታት ደሰቖ ከም ከበሮ።
ቃንዛናን ስቓይናን ዘይስቈሮ!
　　　　ሸዊት ዕድመና ብጥይት ኣሕረሮ።

እንሆ ሎሚ ዝኽሪ ዝሓለፈ
ምልስ ኢልካ ዝጽብጸብ በሰላ ዘትረፈ
ንቛዜማ ግን ኣይኰነን ንምስቍርቋር
ብመስዋእቲ ተሳዒሩ እንድየ እቲ ዘይስዓር፣
ንዝኽሪ'ዩ ንምዝኽኻር
መቓልሕ'ዩ ንትርጉም ምንባር
ዝሓለፈ በደል ተዓቢጡ ከይቕበር
ከዝንቶ፣ ኣብ ሓወልቲ ከውቀር፤
"እንተ ረስዐ ዝወግአ፣ ነይርስዕ ዝተወግአ!"

## ጸበል ናቕፋ ንጸጉለይ

ከይቅሰብ - ከይዕሰብ!
ከይጸግብ - ከይዕግብ!
ጸበል ናቕፋ ንጸጉለይ
ፈይ-ፈይ ኣብሉለይ!!

ዛንታ ትማሊ ሕልኽላኽ
ምስ ተፈጥሮ ምትህልላኽ
ምስ ሰብ ሰርሖ ምድልላኽ።
ብመውጋእቲን መስዋእቲን
ንመቑሕን ማእሰርቲን
ንፍርሒን ራዕዲን. . .
ምስዓር ብምንባሩ፣
ዘይውዳእ ለይቲን ቀትሪን
ምቁርን መሪርን
ፈተነን ሰብን
ተደማሚሩ ኣቕንዛዊ!!
ነበረ ዋጋኡ ብመንጽሩ!

ትማሊ ዝተሰከምኩዎ፡
ወይ'ቲ ኣብ ዝባነይ ዝራዕርዑዎ፤
ናይ ታሪኽ በደላት
ዝርያ ሓያላት
ስዒረ ከም ዘይኣለኹ በሰላታት፡
ረሳዒ ኾይነ፡ ከይደንን-ከይዕሰብ
ኣንጻር መትከል ገድለይ ከይቅሰብ
ጸበል ንጸጉለይ፡
ምስ ሕልናይ ከመሓሰብ።

ትማሊ! ሰብ ምዃነይ ከም ዘይረሳዕኩ
ሎሚ! 'ሰብ ኢኺ' ከይብላ ንነፍሰይ፤

ብባህጊታት 'ንዓይ-ንዓይ' ከይከባ
ምስ ረብሓታት በይነይ ከይረባ፣
ነቶም 'ድፍእ!' ዝበሉ
ንባህጊ ሓፋሽ ዝተመንጠሉ
ሞባእ ዝተኸፍሉ
ረሲዐ ከይሻድን
መንጉደ ከይትዕንን
ጸበል ናቕፋ ንጸጉለይ!
ፈይ-ፈይ ኣብሉለይ።

ኣበሳ ከንዲ ዝእርም
'ሰብ ገበሮ'፡ ሕድረይ ከይጠልም
ሰብ ገበሮ፡ ንሃነፍነፍ ከይሃርፋ
ንሕድረይ፡ ድሕረይ ከይገድፋ
ጸበል ንጸጉለይ
ካብቲ ሓመድ ናቕፋ!

ካብቲ ናይ ራእይ
ናይ ዕላማ፣
ካብቲ ናይ እምነት
ናይ ብጻይነት፣
ካብቲ ናይ መብጽዓ
ኣንጻር ወጽዓ፣
ካብቲ ንዓይ-ንዓይ ነውሪ
ምቅድዳም ንመስዋእቲ
ዝረኣየ ሓመድ . . .
ንጸጉለይ! ፈይ-ፈይ ኣብሉለይ።

ካብቲ ዓጽመ-ስጋኦም ዝኸስከሰ
ብደሞም ዝተርከሰ፣
ካብቲ መንፈሶም ዝወረሰ
ሕልሞም ዝተተርኣሰ፣
ካብቲ ልዋም ድቃሶም ዝወሰደ
ታሪኽ ዝወለደ፣
ንጸጉለይ ካብቲ ሓመድ ናቕፋ
ነዛ ሕልናይ ከዕርፋ።

በዚ 'ተዘይ ሰሚዐ
እዝነይ ዓቢስ፡ ሕድረይ 'ተዘንጊዐ
ኣህነፍኒፈ፡ ሕሉፈይ 'ተረሲዐ፤
ኣብ ናቕፋ!
        ኣብ ድፋዓት ጽንዓታ
        ውሽጠ-ውሽጢ ውሻጠኣ
ኣዚርኩም. . . ዕጠኑኒ ካብ ኣቑጽልታ!

ካብቲ ታሕቲ-ታሕቲ ዝዛሪ ማይ
ኣጀብጂበ ከሀድሳ ንነፍሰይ
ከጸንዕ ኣብ መትከል ቃልሰይ
ማይ-ጸሎት 'ሕድሪ' ኣቑሙለይ።

ምስ ሕልናይ ውዒለ-ሓዲረ
ሰብ ውዕሎ ጸብጺበ-ዘኪረ
ኣብ ደምበ ዉፉያት ከምዕቑብ
ካብ ጸበላ፡ ሸውዓተታት ከሕጸብ።

## ምልሶት

1991 ናጽነት ነጒዱ
ምትእኽኻብ ጸዋዕታ ሰዲዱ
ኣርሒዩልና መንገዱ
*(ሓመዱ ነጊፍናሉ ንሰደት)*
ካብቲ ሱዳናዊ ርሒቀት
ዓዲ ኣቶና፣ ኣኺሉ ምልሶት።

ኣብ ዶብ ኤርትራ-ሱዳን
መጓዓዝያ ብሎሪ - ስራሓት እንግሊዝ፣
ኣብ ውሽጢ ዓዲ
ብፊያት መንገዲ - ስራሓት ጣልያን፣ (ገገዛኢኻ ትመስል)

ዓዲ ምስ ኣቶና
ሕብሪታት ሰብ ተጸፍጺፉ
ቋንቋታት ተሰኽሲኹ
ሳዒታት ተተኽቲኹ - ከከም ኣመጻጽኣና፤
"ጺላ!" በዓል ዓዲ
"ኣምቸ!" ካብ ኢትዮ. ዝመጸ
"ሎሪ!" ናይ ሱዳን ተመላሲ
"በለስ!" ካብ ምዕራብ ዝምለስ
'ተጋይ!' ነቲ ተቓላሳይ. . .
'ዓባይ ድስቲ' ንደቂ ተጋደልቲ. . .

ከበዝሒ'ቲ ሕብሪ
ከደጒሕ 'ቲ ባህሪ
መረዳድኢ ተደልዩ ቋንቋ
መስመሪ ተደልዩ ጣቋ
ን'ናጽነት' ምስ ነበብናያ በብዝጥዕመና ቋንቋ።

በለጭ ዝብል ዝኽሪ'ዩ - ዘይገድፎ፣ ዘይገድፈኒ
ካብ በበይኖም ድሕረ-ባይታታት ናይ ህይወትና
ኣብ ሓንቲ ከፍሊ ተኣኻኺብና፤
ንዋሳእ ከከም ኣመጻጽኣና
ከከም ኣተዓባብያና፤
ገለና ካብ ስደታት፡ ገለን ካብ ቃልሲታት
ካብ ሃገረ-ሰባት፡ ካብ ከተማታት

ካብ ደምበታት፡ ካብ ቍሸታት
ካብ ማሕረሳት፡ ካብ ሸቕሊታት
ካብ ርኽበታት፡ ካብ ድኽነታት
ካብ ባህሊታት፡ ካብ እምነታት
ካብ ጾታታት. . .
ክንበዝሕ ዝነበርና!
ወይ'ዛ ክፍሊና፡ ምርድዳእ ስኢንና
ምስምዑ ኣቢና ንመምህርና።

'ዛ ክፍሊና ቋንቋኣ ክበዝሕ
ወይ'ዚ መምህርና ዕድሉ ክጥምዝሕ
ንኹልና ብሓደ ቋንቋ ከረድኣና
በተሓሳሰባ ከስምረና፣
በቲ ፍጹም ዘይመለኽናዮ ጌና
ኣምራት ጂኣግራፊ፡ ታሪኽ፡ ሕሳብ. . .
ብእንግሊዝኛ'ዩ ዘስተምህረና።
ዋይ'ዚ ብዝሒና
ዋይ'ዚ ሕብሪና - 'ዚ ባህሪና
ምስምማዕ ከሊኡና
ጫቕ-ጫቕ ምስ በልና፤
"ኪፕ ኳይት! ኪፕ ኳይት!" ብምድግጋም'ዩ
ከስምሮ ዝሓለነ ንድብልቕልቕ ናይ ባህሪና፣
ተረዲኡ'ዩ'ውን ስቕታ ጥራይ ምንባሩ
ናይ ሓባር መረዳድኢና።
መመልከቲት ኢዱ፡ ኣንቢሩ ኣብ ከንፈሩ
ከም ንቜልዑ 'ኡስ በሉ!' ኢሉና ነዲሩ
ከም ንጸማም፡ ብምልከት ገኒሑና ኣንጸርጺሩ
ሽዑ'ዩ፡ 'ስቕ በሉ!' ከም ዝበለ ተረዲኡና
ቋንቋ ከይመለኽና፡ ቋንቋታት ዘብዛሕና ንሕና።

ሓንቲ ዕላልዶ ወስ ከብለልኩም
ፍጹም'የ ዘይርስዓ፣
ቦኹሪ እዝነይ ብምኳና እናሻዕ ዘኳማስዓ፤
1993'ዩ፣ ኣብ ሻምናይ ክፍሊ
ምስ ሓደ ኣምቻ ተታሪኽና ብዕሊ፣
ኣነ ዝመልኮ ዓረብኛ-ትግርኛ

ንሱን ውጹእ ኣምሓርኛ።
ንሃገራዊ መዝሙር ኢና ተሰሪዕና፣
ተዳሎ ስዒቡ፡ ጐረሮ ተሳሒሉ
ክንዲ ትም ዝብል ጸያፍ መልሓሱ ኣኪቡ
'ትራ በል፡ ሰዋ. . .'
(ኤርትራ በዓል ደማ ማለቱ'ዩ ዝኸውን)
'ናበለ ሕውስውስ ኣቢሉዋ።
እቲ ሃቐነኡ'ኳ እንተ መሰጠኒ፡ እቲ ድምጹ ኣጸየነኒ
ደጊም መስርዕ ቀየርኩ፡ ፍጹም ከይቀርበኒ።

ካልእ መዓልቲ፡ ባህሪ ፈላልዩና
ሓደን ክልተን ተበሃሂልና፤
"ኣምሺ!" ኢለዮ ቍጥዐ ሓዊሰ
"ኣልመሽም!" መለሰ ኣምቻ እናኸመስመሰ
ነዚ ዝሰምዐት ጺላ
ብሰሓቕ ተጸሊላ።

ለካ ነዚ ኣስተውዒሉ'ዩ ርእሰ-መምህርና
ዓባይ ቤት ትምህርቲ ሃኒጹ
ዓባይ ቍራፅ ሰኺቲቱልና
ክንበስል፡ ክንጥበስ፡ ክንሰምር
ክንመልኽ ናይ ሓባር ቛንቛና፤
ካብ ኩሉ ሃይማኖት ናብ ሓደ እምነት
ካብ ኩሉ ድሕረ-ባይታ ናብ ስሙር ረምታ፡
ማለት፤ ብባህሊ፡ በተሓሳሰባ
ብራእይ፡ ብዕላማ
ክንሰምር ብዕሊ
ሳዋ ዓባይ ድስቲ
ሰኺቲቱ 'ዚ መንግስቲ
ናይ ሃገራውነት ዩኒቨርሲቲ
ኣኣሊኹ የውጽኣና
ጠጠሊቑ ይቐብኣና፤
ይነጥር ፍልልያትና
ይሰጥም ሓድነትና
ይሰምር ሓሳብና

ይንጽር ቋንቋና፤
ሓደ ንኸውን ኣብቲ ብዝሒ
ዋሕድና ንፈጥረሉ መራብሒ።

# ከም ሓበላ ዓይኒ

ትርጉም ናይቲ ቓልሲ
ቀዳማዊ ተልእኾኡ
መንነት ምፍጣር'ዩ ዝነበረ
'ቲ ብመግዛእቲ ዝተቐብረ።

መሰል ርእሰ-ውሳነ
ሕርያ ህዝቢታት
ብዓመጽ ዝተወ'ረ
ብገዛእቲ ዝተሰርቀ
ንንምላስ'ዩ፣ ገድሊ ሓፋሽ ዝጐሃረ።

ደም ምፍሳስ ኣልቦ
መሳርሒ ኲናት - ድምጺ
፡ሰለማዊ ሰልፊ፡
ዝፈየዶ ምስ ተሳእነ
ተናዒቑ ምስ ተደንደነ
ብረት ምልዓል ኰነ።

ሰንሰለት'ዩ ታሪኽ
ነጠብጣብ ፍጻሜታት
ኣንደበትነት ዘይርከቦ
ይዕበ - ይንኣስ
ይሓድ - ይብዛሕ
ናብቲ ሓቀኛ ብዝሒ
ናብቲ ዕቤት፡ ናብቲ ሓይሊ
ናብቲ ርቀት፡ ናብቲ ገድሊ
ዝወስድ መንገዲ
ዘይብተኽ'ዩ ሰንሰለታዊ።

ኩሉ ታሪኽ ኣለዎ ርስሓት
ክትዝክሮ ዘሕንኽ ሕልኽላኻት
ጐድኒ-ጐድኒ ንቕሓት፡ ትብዓት. . .
- ክድዓት -
- ጥልመት -
ኣለዎ ታሪኽ በበይኑ ገጻት።

ግን . . .
ምሉእነት ታሪኽ፡
ጽባቐኡ'ውን፡
ህላወ ናይቲ ኣሉታዊ ተርእዮ'ዩ፡
ኣዕናዊ'ውን ይዅን፣
(ንልቦና ክኸውን)
'ኣየድልን' ብማለት ዘይጉሰ
ዓቢ ጦካ ዘይእለ፡ ንኺይትሰምዖ እዝኒ፣
ምቕባሉ ጥራይ'ዩ፡ ከም ሓበላ ዓይኒ።

## ሶይራ

ልዕለት ዝባንካ፤
ካብ ጽፍሒ ባሕሪ ብርኽ ዝበልካ
ዘይወጢም ዘይጐዲም ሰንሰለታዊ
ናይ ጥንቲ ኣርማ ሶይራዊ።

ካብ ልዕለትካ ንሰሜን
ቈሓይቶ መጠራ ቜይመን
ውዕዉዕ ስልጣነ ንግዲ
ካብ ርሑቕ ካብ ዓዲ
ካብን ናብን ዘሳገርካ
እንታይ ሰኒዱ'ሎ ማህደርካ፧

ካብ ጥንቲ ካብ ታሪኽ
'ታይ ርኢኻ ሶይራ በሪኽ፧
ካብ ባሕሪ ናብ ዓዲ
ከመይ ነይሩ ንግዲ፧

ናይ ኣበዋት ምዕባለ
ብዓይንኻ ዝረኣኻዮ
ምስ ዘመናዊ ስልጣነ
ከመይ መመዛዘንካዮ፧

ታሪኻዊ እንዲኻ ሶይራ
ጥርዚ ብራኽ ኤርትራ
ካብ ጥንቲ ካብ ቀደም
ናይ ጥንቲ ናይ ቀደም
ዘይተቈርመምካ ዘይተሸርመምካ
ካዕበት ሕቶ'ሎ እንሓተካ
ፈትሾ - ገንጽሎ ማህደርካ።

ምስጢር ኲይኑዎ ንሰብ
ብታሪኽ ከጭነቕ ከሓስብ
ከም ድላዩ ኸኣ ይትንትኖ
ይእርንቦ-ይብትኖ፣
ማህደርካ ገንጽል ሶይራ፣ ግለጸ ውዕሎ
መስሓቕ ሽራፋት ከይከውን
ጽውጽዋይ ዝዓብለሎ።

## ውጉዝ

ደርጓዕጓዕ - ኣስቀጠ
ገው-ገው - ሃጠመ
ነው-ነው - ሃመመ
ቃል-ቃል - ቀሃመ
ጫውጫው - ሃደመ
ዓው-ዓው - ለዘበ
.
.
.

ናጽነት ኩነ፣
ዎ ሰላም ሰፈነ።

ናጽነት ምስ ኩነ፣
ዎ ሰላም ምስ ሰፈነ
ነዚ ምድጋም ዝተኾነነ።

- 5 -

ኣበየናይ መዓሙቕ'ዩኸ ዝኸዘን
ክንዲ እምባ ኸኣ 'ምዘን!፧
ኣየ'ዚ ዝኸሪ
ኣብ ውሽጠይ ሰፈሩ
ናፍቖት-የምጽኣለይ
በርቢሩ-በራቢሩ።

ለካ'ንዶ ኣካለይ ማሲኑ
ሓሳበይ ረዚኑ
ብሓሳብ ተመዚኑ።

## ሰዓት ቈጸራ

1.

ሰዓት ኣኺላ፣
አቋምት ኣለኹ በዚ ገበላ!
ደንጒኺ ልዋመይ
ተዘሪጉ ሰላመይ።
- ትጽቢት -

2.

ሰዓት ኣኺላ፣
እጽበ'ለኹ ሰላመይ
ተዘሪጉ ልዋመይ
ልበይ ተሻቒላ።
- ሰንፈላል -

3.

ሰዓት ኣኺላ!
ልበይ ነቒላ
ሃጽ ተላዒላ!
- ዓቕሊ ጽበት -

ክትመጽኢ ከለኺ
'ተረኺብክያ
ምሳኺ ተማልእያ፣
እንተ ጠሊምኪ ግን፡
ትኺድ፡ ትኺድ ግደፍያ።
- ውሳነ።

# ኣይንረሳሳዕ

ዕድሜና'ዩ - ሃዊኹና
ክንጻወት ጸኒሕና - ሓመድ ተሳሒንና
ተመሊሱ፡ ሓመድና ይዓርቀና።

ተመሃሮ እንከለና
ኣባ እሳቱ ነይሩና፣
 ዘሪጋ ብሓቂ
 ኩሉ ተግባሩ ጸይቂ!
መን ነይሩ ዘየንጸርጸረ
ጠሪው ዘየማረረ፣
 ብ'ስርቂ' ብርዒ
 ዘይናቱ መንዛዒ፣
'ቲ ሃውኪ ኣባ ጓይላ
ሞኒተር ክላስና
ክፍሊ ዓጽዩ፡ ጸጸይቁ የዕልለና
ኣብኣ ንረኽባ እንተ ጠሪዕና!!

ዛይድ ዝያዳ
ሃብሮም ኰርዒዳ
ብልጫ ወሲዳ-ወሲዳ
ከመይ'ሉ ኰይኑላ
ምህሮ ኣቋሪጻ፡ ዘሚዳ ወሊዳ። . . .

ነቲ እልቢ ስግንጢር
ናይ ንእስነት ምስጢር
 ክሓልፍ ዝበሃግናዮ
 ተመሊስና ናፊቕናዮ፡
ህይወት ካልእ ምስ ኰነ ገጻ
ምፍልላይ ምስ ኰነ ዕጫ።

ድሕሪት ተመሊሰ
ናብ ደብተራት ዝኸረይ
ነቢበዮ ድሙቕ ክታም፡ መዘከርታ ዝጸሓፍኩምለይ፤
"ተዘኪሮ፡ ንኹሉ ዘጣምር ወርቃዊ ሰንሰለት እዩ'ሞ፤ ኣይንረሳሳዕ!"

## ሰላምን ልዋምን

ናይ ተፈጥሮ ህያባተይ።

እንተዘይሰሚዐየን - ኣእዛነይ ጅው-ጅው፣
እንተዘይርእየየን - ኣዒንተይ ፈር-ፈር፣
'ተዘይነቢረየን - ኣብራኸይ ረድ-ረድ፣
'ተሲኢነየን - ውነይ ሸቐል-ቀል፣
'ተዘየስተማቒረየን - ውሽጠይ ሸገርገር፣
እዝክረን'ሞ - ልበይ ተረግ-ተረግ፣
እሓልመን - እናፍቐን ወረግ!

## ስፓጌቲ ሳዋ

ግዴና በጺሑ፣
ሳዋ ምስ ወረድና
ጀምዓ ተኣኪብና፤
ደቂ ገዛውቲ፣ መማህርቲ. . .
ካብ ኩሉ ኵርናዓት ሃገርና
'ኣሃዱ' ጠርነፈትና።

ጥሕኒ-ጸባ፣ ሽሮ-ኮሮሾ
ናይ ገዛና ትሕዞ፣
ኣቓንየና፣ ክሳዕ'ቲ ምረት ንቕምሶ።

ኣብ ዓጌፋ ምንባር
ኩሉ ብሓባር
'ተሸኪል' ሽኽል
ረም - ዕኹልል።

ዋዛን ስሓቕን
ሻቕሎትን ናፍቖትን
ፊስካን ታዕሊምን
ጋም-ፊት፡ ማን-ፊት
ምስ ቀነየልና. . .
ዓላሚ ወዲ ገዛውትና
ንምሳሕ ኣፍቂዱ ወሰደና።

ሽታ ናይቲ መግቢ
ሸውሃት ዘዕቢ፣
መለሳ ናይቲ ማይ ጸብሒ
ሃነን ኣቢሉ ምራቕ ዘትፍእ
ነበረ ቐልቢ ዘጥፍእ።

ጸፊሕ ሽሓኒ፡ ተወጢሩ ብኹሉ
ይትረፍ ክትበልዖ፡ ዘገርም ምርኣዩ
ተጠቓሊሉ፡ ብባኒ ተኸሊሉ።
"ዳይ ንብላዕ!" በለና
'ቲ ዝዓደመና

ኣብቲ እምባ ስፓጌቲ
ሽኺሉ ኣጻብዕቲ
ፋርኬታ ኣብ ዘይብሉ
ፋርኬታ ፈጢሩ።

ህዋሳት ስምዒትና
ተኣኻኺቡ ኣብ ኣዒንቲና
ክንርእዮ ተደኒቕና
ስፓጌቲ ብኢድ!
ምእማኑ ከቢድ።

"ዳይ ንኺድ!" ምስ ደገመ
ተረዲኡዎ ኩነታትና
'ህጹም' ኣተናዮ
ካልኣይቲ ኢድ ሓዊስና፤
ጥቕልል - ስኹልል
ጥቕልል - ዕኹልል
ጥቕልል - ኣልዕል
ሓንቲ ኢድ ፋርኬታ
'ታ ሓንቲ ማንካ
ከም ምልዓልካ።
'ናመቀረና፡ 'ናመረረና
ተሳሂልናዮ፡ ኣድራጋ 'ናረሃጽና።

ኣብቲ ፊት
ብካሻ ዝተጠቕለለት
ተርኪሳ ዝጠለለት
ህይወት ተዓላማይ
ጃሎን ናይ ማይ።

## "ኣደ ንባዕላ ኣደ ትደሊ"

ዝኸሪ ማህጸን - ናይ ማሕዘል
ዝኸሪ ባባ - ናይ ጡብ ጸባ
ግዲ ኾይኑ፣ ሱር ሰዲዱ
ምግዳፍ ኣብዩኒ፣ ተሰጊዱ።

ኣእኪልኪ፣
ስቓይ ዓለም፡ ዓለም ጭንቂ
ብማሕዘል ኣሳጊርኪ፣
ተሰፋ ምንባር፡ ምንባር ብሓቂ
ኣብ ደመይ ኣስሪጽኪ. . .
ንብር ነይርኪ
ኣላትኒ እናበልኩኺ
ክትህልዊ 'ናደለኹኺ. . .
ምፍላይ መሪጹኪ።

እቲ ህጻን ካብ ኣደ ክፍለ
ኣምሪሩ ይበኪ፡ 'ናተለለ'፣
ተነኸኒኹ፡ ዘፍ ይብል፡ ይወጸሉ. . .
ናተይ ግን እንድዕሉ. . .
ተሰዊጡኒ መቕረትኪ
ኣፍሪሑኒ ምኽዋልኪ
ከምቲ ዘይትቕበልዮ፡ ክኸይድ ቅድመኺ
ኣይተቐበልኩዎን፡ ቅድመይ ምኻድኪ።

እዞም በጻሓ፡ ዝመጹ ከረሳስዑኒ
ጽንዓት ይሃብካ እንክብሉኒ፤
"ከኣሎ፡ ከኣሎ ግበር ዓቕሊ፣
'ኣደ ንባዕላ ኣደ ትደሊ!'"
ይብሉ እንግሊዝ በሉኒ።

# ሽፉን ከም ዕፉን

ሰሚዐ ጽብቕቲ ክብሉኺ
ጠቒሶም ፈልጺ ደናጉኺ
'ቈማት-ፈረስ' ሰምዮምኺ፣
ተሓሚኺ ኣብቲ ዕላል ቡን
መፍቀራ ኢሎም ሼኽ ምስ ኣቡን።

ጠቒሶም ከናለታት ደረትኪ
ብሂጐም መሽጐራጕር ሕዳኺ
ተነውኒዎም ምስ'ራግጻኺ. . .
ከመይ ደአ ኣነ
ዝርኢ ዘይርእዩዎ ኣባኺ፤

እንከዕልሉ ግዳምኪ ጸብጺቦም
'ታይ ዘይበሉ ፍጥረትኪ ጠቒሶም፤!
ብሂጎምኺ ከም ጕንቦ መሽላ
ኢሎምኺ፡ "ሽዊት መሽከላ!"
ሃሪፎም ሄዋናዊ ፍጥረትኪ
'ታይ ዘይበሉ
ካብ ጽፍርኺ ክሳብ ደረትኪ!፤

ከመይ ደአ ኣነ
ሰብ ዘይርእዮ ዝርኢ ኣባኺ፤!

ወሓለ ፍጥረት
ጽባቐኺ ብግዳም ዘይድረት፣
ጋሻን መንገዲን ጥቓ-ጥቓ'ዩ ምዓሎም፡
ቅረብኒ 'ታይ ግድኺ፡
ሕሹኹ ክብለኪ ኣብ ጕንዲ እዝንኺ
'ሽፉን ከም ዕፉን' ኢለ ከይሓልፎ ዘፍተወኒ ንዓኺ።

# ነደ

ጸሪግኪ ኩርኳሕ
ኣጒልጒልኪ ከዋሕ።
ኣዕቢኺ. . .
ኣልዚብኪ ማሕለኻታት
ኣሊኺ. . .
ኩሉ'ቲ፡ 'ቲ፡ 'ቲ፡ 'ቲ ርስሓት
እቲ ደገ፣ 'ቲ ትፋኣት።
ከመይ ክብለኪ 'ታይ ጌርክለይ
ኣረ 'ታይ ኢኺ ዘይገበርክለይ፡!
'ታይ ጌርክለይ ዘይበሃል ውዕለት
ሰናይ፡ ርህሩህ፡ ቅዱስ ክድመት።
ከመይ ክብለኪ 'ታይ ጌርክለይ
እንታይ ኢኺ ዘይገበርክለይ!፡
ኣሊኺ ግናይ ግናየይ
ጸጊእኪ ሰናይ-ሰናየይ።
ሓወልቲ ህላወይ
ኣደይ ክብረተይ
ብስምኪ ከተኽላ
'ዛ ሓዳስ ቤተይ።

# ሕደ ማንታ

ጽሕፍቶኡ'ዩ ዘልዕል ሰብ
እንተስ እሳት፡ 'ተስ በረድ
ብጽሕፍቶ'ዩ ዝፍረድ
እንተስ ካራ፡ እንተስ መብረድ!

ክልተ ኣሕዋት
- ሕደ ማንታ -
ሓደ ምስሉም
ነንበይኑ ግብሮም፣
ሓደ ገዛ ዘመዱ
ሓደ በረኻ ዓዱ።

'ታ ኣደ፡ ነቲ ሓደ
ንግሆ ሓጺባ ምሸት እናደገመት
ማሕማሕ ኣቢላቶ
ምልያ ኣምሲላቶ።
'ቲ ፍላዩ፣ ዘይርከብ ደሃዩ
ማይ ከይረኣየ ምቕናዩ።

በረድ እናሻዕ ይሕጸብ
ውሕጅ ቊልቊል ይሽረብ።

## ህ/ይ/ወ/ት

‘ዛ ሩሕ ደቂ-ሰብ
ሓይሊ ኣኻኺባ
ፈርዚና ተርንዐት።

‘ዛ ሩሕ ደቂ-ሰብ
ሓይሊ ‘ናጸንቀቐት
ትብዓት እና’ሸረፈት
ፍርሒ እናኣከበት፣
ካብ ባትሪ ‘ለው’
ናብ ባትሪ ደው
ኣበለት።

## "ነበረኝ"

ተባዕ ነይረ፡
ኩሉ ዝኣምነለይ - ዘራሪዓ!
ሽደን ነይረ፡
ኩሉ ዝምስክረለይ - ደራሪዓ!
ፈቃር ነይረ፡
ኩሉ ዝብህገኒ - መላሊኣ!
ክኢላ ነይረ፡
ፈንጢሐ ዘዕሪ - ሰራሪዓ!
ኩሉ ነይረ፡
ዝእመነለይ - ኣባ ተርጊኣ።

ደቂ ዓድና፡ ምሕጫጭ ኣመሎም
ሳጓ ዘውጽኡ ኣልግብ ኣቢሎም፤
"ነበረኝ!" በሉኒ፡
"ኣሎኒ!" ዘይብላ "ነይሩኒ" ምስ በዝሑም።

## ምስሉይነት

ኣለና ስራሕ ዝፈታሕና ብዙሓት
ዕላልና ማእከሉ ከማና ፍጡራት፣
ፍልልዩ፡ 'ቶም ነዕልለሎም ኣብ ሓዊ ይጥበሱ
ንሕና ብዛዕባ ውዕለቶም ገበታ ንሕሱ፤
ንፈርድ፡ ንኹንን፣ ነነውር፡ ነነኣእስ
ብተግባርና ከንስና ካብ ጣፍ እንንእስ።

ኣብ ሶፋታት ተኾይጥና
ንኹንን ኣብ ሓዊ ዝልብለቡ፤
ኣብ ባንኮታት ተረይዕና
ንመዝኖም ሚዛን ንዝመሃዙ፤
"ከምዚ ከገብሩ ነይሩዎም ከምቲ"
ኣፍና፡ ዘዝሃበና፡ ገበታ ንሕሱ።

ሎሚዶ ንትማሊ ከትፈርዳ ትኽእል'ያ፧
ብምልኣት ፈሊጣኸ ከትገልጻ ብቕዕቲ ድያ፧
ኣብ ግዜኻ ንግዜኻ ብምልኣት ዘይበቓዕካ፣
ህይወት ድርዳር ሕቶታት ቀሪባ፡ ሕቖኻ 'ናሃብካያ
ኣብ ግዜኦም ንግዜኦም ዝመሰሉ
ከመይ'ሎም ኣብ ግዜኣም ንግዜኦም ብዘይመሰሉ ይምዘኑ፧

ሰብ ኣብ ግዜኡ ጥራይ'ዩ ክፈርድን ክፍረድን ዝኽእል።
ስለዚ፡ ይጽንሓልና ኣምሰሉነት፡ ኩነኔ
ነፍስና ንድለያ ኣብ ሕቶታት ግዜ።
ሎሚ'ያ ናትና፡ እትሓተና እንሓታ
ንሎሚ በቒዕናዶ፡ ንነፍስና ንሕተታ።

መኽወሊ ሕመቕና፡ መጐልበቢ ስንፍናና፡ ብኹረትና
ኣይንውቀስ ካልኣት ድሕሪት ተመሊስና፣
ኣድሪ ኣበራት ኣይንድለ፣ እምባ በደላት ተሰኪምና።

ነፍስኻ - ወላ’ውን ነብስኻ - ምፍላጥ የድሊ’ሎ፣
ክሳዕ መአስ ደአ’ሞ ሕብርና ክንክውሎ፧
ክሳዕ መአስ፡ ሕመቕና ኣብ ሕመቕ ካልኦት ክንድጕሎ፧

# ኣቲ ነብሲ

ትንፍሒ፡ ትንፍሒ
ከም ጐማ ትነፍሲ፣
ትውጠሪ፡ ትውጠሪ
ከም ፊትሊ ትብንጠሲ፣
ተንቃዕርሪ፡ ተንቃዕርሪ
ከም ቈጽሊ ትረግፊ፣
ትግንፍሊ፡ ትግንፍሊ
ከም ማይ ትሃፊ፣
ትበሪ፡ ትበሪ
ሰማይ ንዘይትበጽሒ፣
ኣቲ ነብሲ!
ተስተውዕሊ፡ ተስተውዕሊ፣
ላዕሊ ትሓድሪ።

# ኣይህብን ኢደይ

ንየው ከማዕዱ ከንዮ ጽባሕ
ትማሊ ይውጥጠኒ ይብለኒ "ጽናሕ"።
"ጽናዕ ማለቱ'ዩ! ናይ'ንዳመን ጽናሕ!"
እናበልኩ
ርሃጽ ነጢበ፡ ደም ኣውሓዝኩ።
ዋሕዙ ንውሽጠይ፡ ካን ንበይነይ
መንፈሰይ መሊኡ፡ ኢሉ ቀንበይበይ
"ሓይ" ኣይበልኩን ግን ከሰምዓለይ።

እምርሽ ኣብ ጐደና ሓርነት ውሽጠይ
እናኣለኹ፣ እናኣረኹ ግናይ ምናየይ
ከዕቅቦ እቃለስ ስልጡን ዝናይ
ሰበይ ከናዲ፡ ቈመና መዘንናይ።
ከውሕድ 'ዚ ሰናይ
ከበዝሕ 'ዚ ግናይ
ከብርኩት 'ዚ ከርዳድ
ከስሕው 'ዚ ግራት
'ንታይ ኪኾን ምዕጻድ፧
'ንታይ ከዓብስ ምኻድ፧

ስለዚ'የ፤
ዘራፍ ዘይትስድሮ
ኢራብ ዘይትነጥሮ
ማርሻ ኣእትየ
ተስፋ ቓንየ. . . ብተስፋ ተቓንየ. . .
በቃ፡ ነቒለ። ምስ ህይወት ምርብራብ፣
ግደፉ ኣይትሓዙኒ ግደፉ፡ ተመኩረሉ'የ
እንከጸብብ፡ ዓቕሊ ምድራብ።
እንከጸብብ፡ ኢድካ ዘይምሃብ።

## - 6 -

ሓብተይ'የ ኵሕሎ፤
        ኣብዚ ስብራና ኵዳ'ሎ
        ኣብዚ ኵዳና ስብራ'ሎ፣
ሓወይ'የ ኵሕሎ፤
        ኣብዚ ዘረባና ግጥሚ'ሎ
        ኣብዚ ግጥሚና ዘረባ'ሎ
ምፍላይ'ባ ንኽኣሎ።

## ንስሓ ውሽጢ

"ዝዕየ ኣሎና ንኺድ ንዓናይ
ደበና ኣብ ዘይብሉ ማይ'ባ ግናይ!"
ኢሉ ዘተንስኣ ኣሎ ንነብሱ
ኣሎ'ውን ዝነብር ተረሚሱ. . .።

ገለን ይናሳሕ
ገለን መመሊሱ ይመራሳሕ።

# ሕድገት

ኣነን ንስኽን ክንጸባጸብ
ሸውዓተይ ወዲአ ናትኪ እንክሕጸብ
ኣነ ሃዲአ ኣይሃዳእክን መርከብ፣
ኣነ ነጺሀ ኣይነጻህክን ወደብ!!

ካብ ዘይትናስሒ
ከይንኸውን መመከሒ፤
ልበይ ወሲድኪ ግደፍኒ ብዘይ ልቢ
ካብ ዝጸልአ ዘፍቀረ ኣለዎ ዓስቢ።

## ሓባራዊ ረብሓ

"ፍቕረይ ሓጻር በራኽ!"
በላ ብበሪኽ ቃና፤
"ፍቕረይ በራሕ ዘጋፍ፡"
በለቶ ድምጻ ኣጐቲና።

"ክጥዕም ምክእኣል
ብዘይ ምድህሃል፡"
ሳንዳኦም ብልባ ዘመረት።

"ክም ዘለኹዎ ፈትያትኒ
ክይፈተነት ክትስንዓኒ፣
ክም ዘላቶ ፈትየያ
ክይደለኹ ክመዓራርያ፡"
ብሓባር ቓነዩዋ።

# ሰብ

ሰብ 'ተዝኸውን ማይ
በቃ ማይ...!
ኣብ ሳርማ ዝዕሽግ
ኣብ ብርለ ዝዕቀብ. . .
ኣብ ሽሎኺ፡ ኣብ ገንኢ
ኣብ ጥፍሒ፡ ኣብ ሽሓኒ. . .
ዝእከብ።
ሰብ ምስሉ ምፈለጠ
ቀቅርጹ ምሓዘ።

በሉ፡ ሰብ ማይ እንተ ኾነ
'ፊስቶ' ኣይመስልን ኣነ።

# ሓሳዊ

ብቖመት - እመት!
ግራም - ብኽብደት!
ብእምነት. . .
ግደፍ-ግደፍ . . .
ፎኩስ'ዩ፡ ሚዛን ቀጠፍ።

## ፈሪሐ ኣይፈልጥን

ሰራቒ ፈራሒ፤
ፈሪሐ ኣይፈልጥን።
ሓሳዊ ፈራሒ፤
ፈሪሐ ኣይፈልጥን።
ኣምሰሉ ፈራሒ፤
ፈሪሐ ኣይፈልጥን።
መዋቕዒ ፈራሒ፤
ፈሪሐ ኣይፈልጥን።
መታለሊ ፈራሒ፤
ፈሪሐ ኣይፈልጥን።
መደናገሪ ፈራሒ፤
ፈሪሐ ኣይፈልጥን።
ለቑማጽን ቈልማጽን ፈራሒ፤
ፈሪሐ ኣይፈልጥን።

## ወኻርያ

ወኻርያ ዶራን
ፈታሒት ምራን
በሊዓ ዕብራን
ሓሲያ ከስራን፣
ጸዋዒት በላዒ
ሓለዋ ብጸግዒ
ኣንበሳ ግን ኣሎ
ጽፍዒት ዝቐሎ
ጠባያ ፈሊጡ
መዋቕዒት ሸሉ
ሓልዮት ከም ዘይኮነ
ኣሕሊፉ ዝሃበቶ ንዒሉ. . .
ኣያ'ንበሳ፡ ተረፍ ጽጋቡ
(ወኻርያ ጭንን)
ንዝብኢ ገደፈሉ።

እሞ እንታይ ንበላ!፧
ነዛ ወኻርያ ገበላ
ምውቓዕ ኣመላ
ኣመላ ካብ ዘይጠቕማ
ብምራን ሓቂ ንምረ'ና
ብከርበ፡ ብጃዌ ንዕጠና፤
ከይሕሻ፣ ከሕሸና።

# ሕብሪ ፍትወት

ሄዋን!
ገለን ብስጥመት ኣስናንኪ
ገለን ብፈኻኽኪ
ይፈትወኪ።
ስለዚ፡
ካብ ክልቲኡ ሓዲኡ ኣይኽላእኪ።

ሄዋነይ! እንቋዕ ክልቲኡ ሃለወኪ።

# ‘ታይ ምኳኑ

ድምጸይ ጐርዲዑ
ጽምኢ ግዲ ኸይኑ፣
ሓሳበይ ፈርዚዑ
ስግኣት ግዲ ኸይኑ፣
ኣካለይ ነዚዑ
ስምብራት ግዲ ኸይኑ፣
ራእየይ ኣጕላዕሊዑ
ተስፋይ ግዲ ኸይኑ።

# ደርፊ ደቂ ዓዲና

"ተቘኒነ ርእዩኒ፡ ተቘኒነ ርእዩኒ
ሓደጋ ወዲቑኒ።"

"ጀመር ክንደይ ትፍቶ፡
ጀመር ክንደይ ትፍቶ፣
ብሓሙታ ትእቶ!"

---

እዛ ያታዊት ቕንየት፡ ከም ዘላታ፡ ካብ ዕላል መቕርበይ ዝሰማዕኩዋ እያ። እቲ 'ጀመር' ዝብል ቃል ስም ጓለንስተይቲ እዩ።

## ምኩሕሓል

ገለን ጽፍራ፣ ገለን እግራ
ገለን ቍመታ፣ ገለን ሕጽራ
ገለን ክሳዳ፣ ገለን ጸጕራ
ገለን ዓይና፣ ገለን እዝና
ገለን ኣዒንታ፣ ገለን ደረታ
ገለን-ገለ፣ ገለን-ገለ. . .
ተጸብቕ፡ ተድምቕ።

ዕለት-ዕለት ብዘይምሕላል
መመርኣዪኻ ምኹሓል።

# ኣይትሓዘለይ ኣንባቢ

“መን ሽምካ!”
“ቈጺራ!”
“ዋይ ቈጺራ!
እዛ ዝሓተካ
ተመሳሲላ ምስ ስምካ
ሰዓትዶ ኣላትካ፧”
“እወ፡ ኣላትኒ።”
“እሞ ከሸግረካ!”
“እንታይ ክሰምዓኪ፧”
“ደልየ’ምበር ከተስምዓኒ።
ሰዓት ክንደይ ኰይና፧”
“ኣሃ፡ ሰዓ. . .”
“እዋይ ኣሸጊረካ፡ ናይ ጅባ ድያ፧
እዋይ ሞባይል ድያኸ . . .
ኣይይይይ! ኖኪያ ድያኸ በል፧
ንሳተን ይሕሻ ኢሎመን
‘ታይ ፈሊጥናለን. . .
በል ክንደይ ትብል ኣላ፧”
“ዓሰርተን ዒስራን።”
“ክንደይ ኢልካኒ፧”
“ዓሰርተን ዒስራን!”
“ዓሰርተን ዒስራን!”
“እወ።”
“ኣብ ርእሳ፧”
“እወ።”
“እዋይ! ‘ታይ እዋን ደኣ’ዩ፧
ኣይገርመካን ‘ዚ ግዜ!
ኣይትሓዘለይ በል
ደውዶ ኣቢለካ
ንበር ብደውካ።”

## ሕቖቖታ ደርሆ

ሕቖቖ-ሕቖቖ'ላ - ተሳሒጋ
ኣብ መሬት ጠቢቓ - ተላሒጋ
ትንሳኤ-ሞት'ዩ ጸዋዕታ ተፈጥሮ
ከትሓቀኑፍ ደልያ'ያ፡ ከተጫጭሕ፡
'ዛ ቖያሕ ደርሆ!

ሃየ'ወ ትበራበር
ሓመዳ ትንገፍ፣ ትወላወል
ክንቲታ ትጽረግ፣ ትቀራረብ
ደቃ ትሕቈፍ፣ ትተኣከብ።

መኣስ ውሒዱ በምዑት ደቃ ዝተጻወትዎ
ድኾና ተሰይሩ ግዳይ ሽላ-ኣሞራ ዝኾኑዎ፣
ይኣኽላ'ወ ሎምስ ትመለስ ናብ ውሽጣ
ምድሪ-ቤታ ተጽሪ፡ ተማሙቕ ጨቓዊታ።

## ሓደ ሰብ

ሓደ ሰብ ክውለድ'ዩ ሎሚ
ሓደ ሰብ ክመውት'ዩ ሎሚ
ሓደ ሰብ ክሓዝን'ዩ ሎሚ
ሓደ ሰብ ክፍሳህ'ዩ ሎሚ. . .
        መንገዲ ሞትን ትውልድን
        ፈቓቕ የለን መዋገዪ ዝኸውን።
ከምቲ ዝውለድ ዝኹሎ ዘይፍለጥ
መዋቲ'ኸ ናበይ'ዩ ዝጭለጥ፧

እንቋዕ ኰነ ዛንታ መዋቲ
ኣብ ዓለም ዝውረየሉ ትርፊ
እርይ ቀኍጽር ኣቢልና እንዲና እንበኪ
ንስሓ ነፍስና ድዩ ሞት ብጻይና እንድዒ
ኣምሪርና ነእዊ።
        ገነት ዲና ደሊና
        መተካእታ ሲኦልና
ርዒድና ከይንኣቱ ኣብ ሓዊ
        መምስ በርትዓና
        ተጸዊግና ንጽሊ
ብጸሎት ነእዊ፧!

ሓደ ሰብ ክመውት'ዩ ሎሚ!
ሓደ ሰብ ክውለድ'ዩ ሎሚ!

# ይሳም ኺኢ ዲኽት

እዛ ኣሳሳዪት፡ ስክፍታ ሒዙዋ
ቢራ፡ ጅን፡ ኣረቂ. . . ሓዊሱ ኣዚዙዋ
ደርገፍ-ገፍ፡ ሃነፍ-ነፍ 'ናለ ቐሪቡዋ።

ንሱ ይፍሳህ፡ ንሳ ትጭነቕ
ንሱ የጕርድዕ፡ ንሳ ትጕስዕ
ስርሓ ዘንጊዓ፡ ስክፍታ ተበሊዓ
መምስ ዘውረዶ፡ ይጠፍኣ ትሕዞ፤
ባዕላ ትእዘዞ፣ ባዕላ ትውግዞ
ሃማን ቀልባን፣ ኣብ ናይ ጅባኡ ትሕዞ
ኣይወሓጠላን፡ 'ቲ እልቢ ዝጋብዞ
ኣይትጸልእን ብኢዱ ክትሕዞ።

ደሓር . . . ኰነ ሓዞ-ሓዞ
ንሱ ዝዛረቦ፡ ንሳ ዘይትሕዞ
ብወኒ ብዓውታ'ዩ ነቲ ቤት ዝነዛንዞ፤
"ይሳም ኺኢ ዲኽት!"
"ይሳም ኺኢ ዲኽት!"
"ይሳም ኺኢ ዲኽት!"
ምስ ደጋገመ፡ ተርጓሚ ተዓደመ።
ሓደ ዕሉል ሰታይ
ኰነ፣ ብቑዕ ተርጓማይ።

ቀቋንቋኻ ጥዑም፣ መምስልኻ ግሩም
ኰይኑዎ 'ዚ ተርጓሚ
ኣይተወላወለ ኣይተማተአ፤
"'ትኽዲ ኢኺ ምሳይ' ይብለኪ'ሎ!" ምስ በላ፤
ሃሃሃሃሃሃ. . . እውይ!
ኪርኪርኪር. . . ጥውይ ድሕሪ ምባል፤
"ክላእ! ክላእ! ክላእ! ልሳኑ ዝተዓጽፈት ደኣ
'ንሳ' ክትቀውም ከመይ'ላ!
ኣየ ሰብኣይ ዝብሉኻ! ትቀንጠብ. . .!" ብምባል ኣስናእኒኣ
ንኸይትቕንጠብ ግን ብልባ ጸልያ።

## - 7 -

ዓይኒ ንስሪ፤<br>
        ካብ ላዕሊ ናብ ታሕቲ፣<br>
ዓይኒ ህበይ፤<br>
        ካብ ታሕቲ ናብ ላዕሊ፣<br>
ዓይኒ እንቍርዖብ፤<br>
        ናብ ኩሉ ትኾልል፣<br>
ዓይኒ ደቂ-ሰብ፤<br>
        ንቕድሚት ትዘልል. . .<br>
ኩሉ ምርኣይ፡ ንምስትውዓል<br>
ንምቕናይ - ንምሕጋይ።

በንጻሩ ኸኣ'ባ፤<br>
ኩሉ ንምርኣይ ምቕናይ ደኣ ምቕናይ።

## ባር ሓናቑት

ኣለኹ ደለ ሽማግለ
'ሰረገላ-ሸይጣኑ' ኣጁጊው
ከቕጽል ጥዒሙ ገለ
ናብ ባር ሓናቑት ኣበለ።

በቲ ፊቱ፡ ኮተቴ ከቲቱ
ንገዛኡ ዝሓሰቦ
ዋዕዋዕታ ሰሚዑ
ርእዩ ዝሰዕሰዑ
ጭልቅዕ ከምኡ
ሽማግለ ከመባሓጉኡ፤
ተኣልዩ ዘይሓሰቦ
ዝረኸበት ከትረኽቦ።

ከይዱ ተኺሉ እግሪ
ኣብ ባር ሓናቑት መዐንደሪ።

ነንበይኑ ሕብሮም
እግሪን ከበሮን ግብሮም
ሕቖን ከብድን ዕምሮም
ግን ይሰማምዑ
ኣብ ሓደ ቤት ወግዒ
ብሓደ ይዘናግዑ
'ቲ'ብ ጫፍ፡ 'ቲ'ብ ጸግዑ።

ሓደኦም ከይረአ ፈሪሑ
ሓደኦም ደረቱ ነፊሑ
እንከለዉ. . .
በለጭ በለት ጐርዞ
ኩሉ ናታ ብርኩት ትሕዞ።
ሽማግለ ተንሲኡ
ኮተቴ ተረይዑ፤
"ንዒ በዚ፡ ንዒ'ብዚ፡" በሉ።

መኖም ከም ዝዕምጸጽ ንምሽቱ
ንሳ ጥራይ ትፈልጦ
ምስቲ ጸኒሓ፡ ምስቲ ትጭልጦ
ነቲን ዝተዓኾለለ ጸጒሩ ትመ'ጦ
ነቲን ጅባኡ መመሺታ ትቐልጦ።
*(እቲ ዅነት ከምዚ'ሉ ቐጺሉ*
*እቲ ገለ ኣብዚ ዘይተዕልለሉ።)*

ኣባሓጐይ ደቂሱ'ሉ ኮቴ
ከንፈሩ ምስ ኣረማጠጠ፤
"ንከባበር፡ ንከባበር! ዓቢ'ዩ ዝባርኽ!" በሎ ብድቅሱ
ብኸመይ ከም ዝረኣዮ፡ ፈቲንካ'ዩ ዝርከብ መልሱ።

# ስስዐ

ሳንቲም ብሓንቲ ኢዱ
ክርቢት ብጸጋሙ፣
ድርዳር ሎቶሪ ኣብ ትሽትሹ
በትሪ መንገሎ ኣስላፉ
ሽጋራ ኣብ ኣፉ. . .
(ወይለይ! እንታዩ ደኣ ተሪፉ!)

ዕጸፋት ሎቶሪ፡ ሕኽኽ ውዒሉ-ሓዲሩ
መሬት ወጊሑ፣ ክይዱ ረፊዱ፣
ኣእዳዉ ከም መሸረፈት ይንብድበዳ
ኣንበድባዲኣን ኣይፈለጥናዮን ግዳ።

'ታይ ከም ዝኾነ ረድሪዱ
ብምሕካኽ ድዩ ላድዩ
ብስሕታን ሰንቢዱ
ነቲ ለቶሪ ዝሓሰቦ
ይሓክኽ ኢዱ ዘይሓሰቦ።

'ዚ ሎቶሪ፡ ምሻጥ ድዩ ኣብዩዎ
ወይስ ሰሲዑ፡ ካልኣት ክይወስዱዎ
ሽጦ ዝተባህለ፡ ሓኺኹ ወዲኡዎ።

ምንብድባድ ኢዱ
ተኣሳሲሩ ምስ ውነኡ
የድሕኖ ክይድርቢ ዕጫኡ
ኣንቀጥቂጡ ኣእምሮኡ።

# ተተኳቢ ተኺቢ

ኢዱ ዘርጊሑ፡ ጐሮሮኡ ስሒሉ
ብስም መላእኽቲ ጠሪዑ
ልቢ ሰብ በሊዑ
መጋብር ሰብ ቀሊዑ
ብማርያም ትሃብካ-ትሃቦ
ካብ ደላዩ ጽድቂ
ካብ ፈራሕ-ሓጥያት ዝኣከቦ
        ቍሩብ-ቍራቦ
እርይ-ቍጽር ኣቢሉ 'ናሰጐመ
"ማርያም ትሃብካ!" ትብሎ ረኺበ።

ፈልዩ ካብተን ርካቡ
ምቕባል ዝለመደ፣ ኣብ ምሃብ ኣርኪቡ
'ሓደ'ዩ ስራሕና ከይበለ'
ተኾቡላ፡ ብዘይነግፈረግ ንሕሰያ፣
ተቐቢላቶ ገጻ ኣልያ፣
        ከየለልያ።

ድሕሪ ምቕባላ'ያ ፈሊጣቶ
ካብ 'ምኾሳ' ትኳቦ ጸሊኣቶ
"ንዓኻ!" በለቶ።

"ኣሎኒ ውሰድያ
ምስ በረኸት እኽልቲ'ያ
ተማቒልካ'ያ ትሕለፍ
'ዛ ዓለም ሃነፍነፍ!"
ኢሉዋ ኢዱ ዘርጊሑ
ናብ ስርሑ ኣምሪሑ።

# ኣመል

ዋይ ገንዘብ!
ካን ስረይ ከተፍትሓኒ
ኢድካ ሃብ ኢልካኒ!
ኣታ ገንዘብ፣ ብርሃጽ ዘይትእከብ
ገደናኻ ገዚኡዎ ሕልና ደቂ-ሰብ
ትዓስብ'ምበር ዘይትዕሰብ።

ለካ ንሱ'ዩ ናይ ጥንቲ ባህሪኻ
ኣበው ከይተረፉ ሰኪሖም ብኣኻ፤
"ገንዘብ ዘለዎ ሰብ፡ ሓሓሊፉ ይዋሰብ
ገንዘብ ዘይብሉ ሰብ፡ ሓሓሊፉ ይዕሰብ፡" በሉኻ።

ትሓንኽዶ ኣርማ 'ተልዓልኩ
የማነ-ባርያ፡ ማዘር-ተሬዛ 'ተ'ልኩ
ንዓኻ ኣውሪዶም ልግሲ ዝሰቐሉ
ገንዘብ ኣትሒቶም ፍቕሪ ዘልዓሉ፤

"ገንዘብ! በል ንላዘብ
ቅረበኒ ከቐርበካ
ዕርቂ ንግበር፡ ልቢ ግበር፣
ትዕቈብዶ ገንዘብ፤"

"ኢሂ ዓድና፡ ይተዓቘብኩምዶ፤"

"ተዓቘበና፡ ተዓቘበና ገንዘብ
ብዘይብኣኻ እንታይ ከይርከብ፤"

"እወ፡ እዕቈብ።. . . ግን. . ."
"እንታይ!፤
ኣታ እንታይ ኢኻ ዝበልካ፤
ንዕቍባስ ገንዘብ!"

## ሪጋ ዘምጸአ ዋዛ

ሪጋ ምስ በዝሐ፡
ሕሜታ ሓሊፉ
ትሒም-ትሒም ኰነ
(ዳርጋ ካብኡ ኣይሕለፍ'ዩ ዝመስል)፤

"'ዛ ኣውቶቡስ'ምበር ደንጉያ፤"
በለት ሓንቲ ጐርዞ
'ናቋመተት ናብቲ ደንጓይት እትመጾ።

"መኣስከ ቀልጢፉ ትመጽእ፤!"
መለሱ ዕድመ ዝደፍኡ 'ቦ
ብርኮም ደውታ ዘረብረቦ።

"ዓቕሊ ጽበት'ዩ 'ታይ ፈሊጠ
ብደው እግረይ ሓቢጠ።"

"ካብ ከምዚ ባቡር ዘይገብሩልና
ብሓንሳብ'ኳ ምሰለጠና።"

"ዋይ ንስኹም! ዘይውዳእ ጣጣኹም
ባቡር ኣምጺኦም ድፍኡዋ ኸኣ'ብሉና
ምጽባይ ይሕሸና
'ናተራገጽና፣ 'ናተሳረቕና!
'ናተራገምና፣ 'ናተጫረቕና!"

"ደንጓዪትሲ ከትቅልጥፍ'ያ 'ታይ ግደኹም፣
ተዳለዉ ጥራይ ንስኹም!"

## ዛንታ ጐባይ

መተልተል መሲሉ
ምራን ተሰሪሑ
　　　　ቈርበት ጐባይ፣
ሸጥ ኣቢሉዎ ጽዕነት
ፍረ ብሩኽ መሬት።

ድርብራብ'ዩ ዛንታኡ ጐባይ፤
ከሎ ዘፍሪ፤ ካብ ነቕሊ ክሳዕ ዓውዲ
ምስ ሞተ፤ ምራን ኣሳሪ -
　　　　ማእሲ - ተነጻፊ
　　　　ከበሮ ተደሳቒ. . .
ኣብ ምንታይ ዘይወዓለ
እዚ ወሓለ።

ዛንታ ናይዚ ፍጥረት
እመት-ብእመት
ረብሓ ሰብ ዘቐደመ፣
'ንዓ ሆ' ተባሂሉ ክሕመጥ
ቈርበቱ ክቕለጥ
ብስላዕ ክሽመጥ
እናሰምዐ፡ ጸመመ
ዘይደምዐ፡ እናድምዐ።

ሓምቢሩ፡ ሰምቢሩ
እንታይ ኣቢሱ፤
ካብ ርጋጹ ለቒሙ (ኣብ መኼዳ)።
ኣፉ ተኣሲሩ
መኣስ ኣዕገርጊሩ
ከይለቅም እንድኣሉ።

ኣፉ ተለጒሙ፡ ይግብር ይምዕስ
ዕንክሊል ይብል፡ ዓውዲ ከእክል
ሸውሃቱ ተዓቢሱ፡ ሸውሃት ጐይተቱ ከጥልል፣
ጽሩራ እናሃበ፡ ሓሰር ተቐለበ።

ንዕኡ ምሓሾ፡ 'ተዝፈልጦ
ቈርበቱ ተሰጢሑ
መእሰሪ ኣፉ ከም ዝኾነ
ማእሲ፡ ምራን፡ ዕብራን፡. . .

ዓዕ. . . ከይብል ከይቀንዞ
ኣፉ ብቈርበቱ ተለጒሙ
ገረብ ብሓኽላ ኰኖ፣
ሃጽ ኢሉ ከይዕዘር
"ከሳዱ ኣብ ቀንራብዓት
መጽረዩ ዝራብዓት።"

.

.

.

እዚ ሾማጢ
'ተዘዕቢ ልቢ
ምፈለጠ ነይሩ
ማህረምቲ ጐባይ
ምራን ከም ዘማህሚ!

## ሰኣን . . . ሲ ሓለፈት ነፍሲ

ወረቐት! ወረቐት! ወረቐት!
ተጣራዕኩ፣
ዓቕለይ ጸቢቡኒ ክትኰስ ደለኹ።
"ወረቐትዶ ኣሎኪ፡ ወረቐት!"
ብወረቐት ክዓብሶ ሓሰብኩ።

"እወ'ሎኒ፣ ክህበካ'የ ተጸበየኒ" ኢላ ተዛንያ ተዕልል
ኣነን ኣኺሉ ተሪፉኒ አዕወንውን።

ትዝ ኢሉዋ፡ 'ቲ ዝበልኩዋ
ወረቐት እናሃበትኒ፤
"ምኻን ማይ'ኳ ኣሎካ!
ንሱ ይሓይሽ ንጥዕናኻ፡" በለትኒ።

ከምዚ ድሮ ገሚትናዮ ዘለና
ገሚታ 'ቲ ዘርሃጸኒ፡
ከምቲ ሓደ ዝበሎ፤
"ኡፍፍፍፍፍፍ. . .
ሰኣን _ሲ ሓለፈት ነፍሲ!"
ገሚታ ንሳሲ።

ክይመለስኩላ፣
ብዘይሕፍረት፡ ብድፍረት
ኣብ ቅድሚኣ!
ነታ ወረቐት ልቐልቕ!

"ኡ. . .ፍ. . ." ዘፍ
ሽምጣ ሒዛ ኰፍ፤
"ተሎ ንገረኒ 'ዚ ጥንሲ
'ታይ ክንበብ'ዩ 'ቲ ሕርሲ
መን'ዩኸ ኣጥናሲ!!"

## ሃንደበትዶ ትብሉዎ

ኣያ ትሩንኳይ
ብዓል ደምበ ላዕላይ
ከርዲዱ፡ ከርቲቱ
ሕሱም ግዜ መኪቱ
ሕሱም ሰብ ዓጊቱ. . . ንብር-ነይሩ
ጨጨጓሩ ንውሽጡ ገይሩ።

ህሀታ ከየስምዕ፡ ጠሪሁ ከየድምዕ
ኒሕ ሒዙዎ፡ ከምህለል ኣይደለየን ናብ ዘይሰምዑዎ፣
ኩሉ ናብ ውሽጡ ከዕዩ፡ ኣብ ዝባኑ ኣጽሒዩ
ቀጸለ ጉዕዞ፡ ውሽጡ 'ናተቖንዞ።

"ከነብርየካ" ኣብ ዘይብሉ
በዓቲ መብረ ፈጢሩ
ነቲ ቓንዛ ይድጉሎ ጸጸሕቲሩ፣
ደኺሙ ከበሃል ኣይደለየን
ከድንገጸሉ ኣይተመነየን፣
ቃልሱ ቐጸለ፣ ውሽጡ 'ና ተቓጸለ።
'ተ መረረ ዕድሉ
'ተ ሰምበረ መዋእሉ፣
"ሓይ!" ኣይበለን
በቲ መንደራጋሕ ኣይተዳህለን።

ሓደ ንግሆ. . .
መርድእ ተለጢፉ
ርእሶም 'ናሓዙ ዘዝሓልፉ፤

“መን ደኣ’ዩ’ታ ዓሪፉ
ሃንደበት’ምበር ተኾሊፉ፤
ትማሊ ርኢናዮ
ኣጥቢቕና ስዒምናዮ
ንሞት ነይሃብናዮ!”

‘ናበሉ ሓለፉ።

## ደብሪ ዓደ'ቦይ

እዚ ደብሪ፡ ደብሪ ዓደ'ቦይ
ሰጊደሉ፣
ክሳዕ ቈራዕራዕ ኣብራኸይ
ደኒነሉ፣
ክሳዕ ዝተሓዝ ሕቖይ።

ጸሎትን ሓይልን ሓዊሰ
ትንፋስን ስጋን ሓዋዊሰ
ታህ ከይበልኩ ተመላሊሰ፣
ደብረይ ከይዝኸትም
እምነተይ ከይሓምም
ኣነ ከሓምም መሪጸ።

ኣብቲ ደብሪ፤
ተስፋ ዝህብ ኣሎ
ተስፋ ዝመልእ፣
ተስፋ ዝኸልእ ኣሎ
ተስፋ ዝጸልእ።

ነዚ ደብረይ
ኣሚነሉ እንድኣለይ
ጥልዕ-ጉምብስ ዝበልኩሉ
ኣሚነ'ምበር መኣስ ተገዲደ
ሰጊድ-ሰላም ኢለሉ።

'ታይ ደኣ'ዮም
'ዞም ገለ ደሃዮም፤
"ኣብ ዘይሰምዓካ ደብሪ ኣይትማህለል፡"
ኰይና ዘላ መውጽኢት ኣፎም።

## ኣብ-መንጎይን-ኣብ-መንጎኻን

መዕቈሪ ኣልቦ ግዲ ኾይነ
ዝተባህለኒ ዘዝሩኞ
ቃል ኣኽቢዱ ደጋጊሙለይ ዓርከይ፤
"ኣብ መንጎይን ኣብ መንጎኻን!"
ዝተነግረኒ ከይነግር ኣተኹ ኪዳነይ።

ትም ሕትም!
ብተፈጥሮይ፡ ቃል'ዩ ቓለይ
ይትረፍ ከውሪ፣
ክሓብእ'የ ዝደሊ፣ ካብ ውሽጠይ
ጓና'የ ዝገብራ ንነፍሰይ።

እንተ ኾነ፡ ተዘርዩ 'ናጸንሓኒ
'ኣብ መንጎይን ኣብ መንጎኻን'
ተባሂሉ ብሓደራ ዝተዋህበኒ፣
ብስሕታን ግዲ መሊቑኒ
ኣርየዮ፡ ተተደቢረ
ሰብ ከይርእየኒ ከከዊለ፣
ኣነ ክሓብእ
ተዘርዩ ከጸንሕ
ተረባሪበ።

ጭንቀተይ ምስ ዛየደ
ምሕባእ ምስ ተለምደ
"ኣብ መንጎይን ኣብ መንጎኻን"
ኣረኪበዮ ጥሉል ምስጢር
ንጽባሑ ጋሕጋሕ ምድሪ
(ኣብ ብሕቱው ጐደና)
መሕለፊ ሰኣንኩ መንገዲ።

## ጨሪቕ-በላዕ

"ድኻ ሓሻሺ፡ ብልሳኑ ቀሻሺ
ተስፉ ሃኒጹለይ፡ ልበይ ሃዊጹለይ፡"
በለት ጸጋ፡ በዓልቲ ሕጓ
ዝለመደት ምብላዕ በድራጋ።

ሓቃ'ያ። ጨርቂ ዘይብሉ
ናብ ባር-ወርቂ ዘሊሉ፣
ጨርቂ ኣብ ባር ወርቂ
ሓሰር ኣብ መንበር-ወርቂ
ስለ ዘይሳነ፣ ርእሱ 'ናድነነ፣ ተመሻኸነ።

ሰብ ጸጋ፡ ሰብ ጸጋታት
ንእኡ ጸዋጋት፡ ንኣኣ ለጋዓት።
ዋይ'ዚ ጭንቂ፣ ጸናቒቒ ተረፍ-መረፍ ኣረቂ
በጽቢጹዋ ገዛ፣ ኣብዚሑ ዋዛ
ንጸጋ ኳሬንቲ ዘትሕዛ
ንሰብ ጸጋ ኣፋ ዘጕምጽጸ፣
ቃላት መመሪጹ፡ ውዳሰ ኣውሒዙ
ብንጽል-ድርብ፡ መጽአ ተተኣዚዙ።

ደለይቲ ጸጋ ብዙሓት
ገለን ፍቱሓት፡ ገለን ጥምዙሓት
ንጸጋ ዝጥምተሎም
ኣይቅበልን ኣመሎም፤
'ዚ ለማኒ ዝብሉዎ
ልባቶም ሰቒሉዎ
ወዲሱ-ወዳዲሱ
ንጸጋ ከይሰልባ
ልባ ከይረኽባ
"ሃብዮ-ሃብዮ!"
ልቡ'ጥፍኡሉ
ከፊልጡ ናይ ልቡ።

"ኣረቂ ኣይደለኹን
ዊስኪ ኣይለመድኩን
ኣብ ውሽጠይ ዘሎ ወኒ
ናባኺ ኣቢሉኒ፣
ጽብቕቲ ኣሳሳዪት
ሰብኡት መጋገዪት፣
ንዒ'ባ ስምዕኒ
ጸጋ ቕረብኒ
ንጽል ድርብ-ኳንኪ ምጽ'ኒ
ንዓኺ ይጋብዙኒ፡"

ምስ በለ፡ ኣሻቡ፡ ተደፊኡ ንደገ።

"ጨሪቕ-በላዕ መን ይሰምዖ
ብዓል ጻዕዳ-ፈረስ ሒዛ ምልዖ፡"
ክብል ሓደረ ዘይብሉ ዝሰምዖ
ዘይብሉ ዘስምዖ።

## ኾሉ 'ሓልፍ

ዓዘቕቲ መከራ፡
ኣብ ካልኢታት ቃንዛ፣
          ፍጹም ዘይገድፍ
          ትንፋስ ዘሕልፍ፣
ኲይኑዋ እንከሎ ስቓይ
ተተበራርዩ መንዝዓይ
ዋይ ዓቕላ 'ዛ 'ደይ፤
          "ኾሉ 'ሓልፍ!" ትብሎ
          ነቲ ከቢድ ሰለሎ።

ነታ ቓል ንኽትደጋግማ
ምጽውዓ ንኽጥዕማ
ነቲ ዘምጻእኩላ ኰርኰር
ኣነ 'ታርዛን' ዝብሎ
"ኾሉ 'ሓልፍ" ሰምያቶ፣
          ንሱ'ውን ፈተዋ
          ተስፋኣ ስሒባቶ።

## ዕብራን ዘምጸአ ሳዕቤን

ረገፈ፤
ስጋ ኣካላቱ።
ነጸፈ፤
መሸከል ትርኢቱ።
ሰለለ፤
ጽባቐ ኣዒንቱ።
ሃመመ፤
ጥንካረ ቕላጽሙ።
ማህመነ፤
ስግርፍአ ጐተናኡ።

ዝተዳህለን ዝዓበረን፣ ኩሉ ጸያኒኡ
ዝበርገገ፣ ኩሉ ደንዳኒኡ።

## ናይ መወዳእታ

ዝጀመርኩዎ ጕዕዞ ከዛዝም
ብቒሐ-ጽልሚ ከኸትም
ሓመቐ ኢልኩም ኣይትሕመዩኒ
ጸበቐ ኢልኩም ኣይትንኣዱኒ
ካብ ፈለማ ክሳዕ መወዳእታ
ነይረ ኢለ ኣይሕሱን
ዓለም ከም ዝነበረቶ ኣይነበረትን።

ይትረፍ ኣነ ስጋ ለበስ ባዕዳዊ
ዕምረይ ውሑድ፣ ፍቕዳዊ
'ዛ ዕጨ-እምኒ ዘቔማ መሬት
ከም ዝነበረቶ ነይነበረት፤
ብሀቦቡላ ተሸራሪፋ
ብኣይሂ ተጨላሊፋ
ብእሳተ'ጐመራ ጸለሎ መሲላ
ብምንቕጥቃጥ ምድሪ ተመቓቒላ. . .
ዘይንሳ 'ተመሰለት፣
'ታይ ግበሪ ትብሉዋ
ተፈጥሮ ሂቡዋ. . .
ከምቲ ናተይ ናታ ዓዲሉዋ።
(ናይ ሰብ እንዶ'ሞ ገዲዱዋ።)

ኣነ ደኣ!
'ዚ መሸማሺ ስጋ
ዝነብር ብዕዳ
ንፍጥረተይ ሒዘ ብኽሳዳ
ከላዝባ - ክምሕጸና
ክንውንዋ - ከሓቑና
ነዛ ኑዛዘይ መን'ዩ ዝሰምዓ
ነዛ ሕልመይ መን'ዩ ዝቐልዓ፤

## መቓድሾ

ግዜ ቐሊዑልኪ ካብ ውድቀት ክ'ትንስኢ
ሓመድኪ ነጊፍኪ ዳግም ክትኩሉዒ
ተቓጺሊ-ሓጺን ዝደወኖ ግርማኺ
ተሎ ክትሃንጽዮ ዘቲኺ ምስ ውሽጥኺ
　　　　ኣይትሻቐሊ ኣይትሻገሪ!
　　　　ለይትን ቀትርን ንቐሊ።

ኲናት ዝወሰዶ፡ ሰላም ንኸመልሶ
ሕሰም ዘጥፈኦ፡ ርግኣት ንኸወልዶ
መለበሚ ኣይግበርካ፡ መለበሚ ካብ ኰንኪ
ካብ ውድቀትካ ምልዓል፡ ዓቐብ ኣይኾንኪ
ኣጆኺ መቓድሾ፤ ዳግም ብረቒ!
　　　　　　　　ዳግም በርኺ!
　　　　　　　　ዳግም ንገሲ!
　　　　　　　　ውቅያኖስ እንድ'ዩ 'ዚ ሕጓኺ!

በሰላ ኹናት ከተሕውዪ
ጽምኢ ሓፋሽ ከተርውዪ
ከምታ ካብ ሓሙኹሽታ ዳግም እትነግስ ዑፊ-ፍኒክስ
ተንስኢ መቓድሾ፡ ዳግመ-ንግስነትኪ ኣኺሉ
ግዜ መጺኡ'ሎ ኣለኹ እትብልሉ።

　　　　　　　　ኣየጸብቐልክን ድሕረት
　　　　　　　　ኣይናትክን ውድቀት
　　　　　　　　ባብ ኣርሕዊ ጐደና ስልጠት
　　　　　　　　ርእስኺ ክኢልኪ ኰኒ ንኻልኦት።

ምብራቓዊት ወደብ፡ ኣልቦ ዶብ
ንውቅያኖስ እትቕነትዮ፡ ከም ነጻላ - ከም ቶብ

መንፈስኪ ዘይሰዓር ብቦምባታት ዘይድብደብ
ሕልናኺ ንጹህ፡ ብፍንጫላት ዘይርብረብ።

ርእየዮ ትንኳዓት ገጻትኪ
ከም ፍሮማይ ወሰን ኢሉ ከዲኑኪ፣
ርእየዮ ማዳ ኣካላትኪ
በሰዒ ውሽጢ ዝፈጥሮ ንህለታትኪ።
ርእየዮ! ርእየዮ! ርእየዮ! ስምብራታትኪ።

ግን!
ከንዮ'ቲ ፍርስራስ፡ ስግር'ቲ ነቓዓት ዘሎ ዛንታ
ንታሪኽ ግደፍዮ ኣኺሉ'ዩ ናይ ትንሳኤኺ ጸዋዕታ።
ርእየዮ፡ ተራእዩኒ'ውን፤
    ኣብቲ ፍርስራስ፡ ኣብቲ ውድቕዳቕ
    ኣብቲ መሬት፡ ኣብቲ ባሕሪ፡ ኣብቲ ምንድቕዳቕ. . .
    ዘሎ ምስጢር፡ ዘሎ ዛንታ
    ፍሒርካ ዘይትበጽሖ ስግንጢር፣
                ኣልቦ መወዳእታ!
    ንጽዋ ይኾንኪ ንምርምር
    ተንስኢ ጥራሕ ሃየ፤
        ከም ሮማዲ ኣስፉሕፍሒ
        ከም ጐልጐል ኣሳፍሒ
    'ተደለኺ ኣብ መሬት
    ኣይኰነንከ፡ ኣብ ጽፍሒ ማያትኪ።

ኣለኹ በሊ መቓድሾ፡ ነቶም 'ኣላትና' ዝብሉኺ
ብስምኪ እናዘመሩ ዝናፍቑ መሽጐራጕርኪ
ናቶም ኢኺ፡ ሕሉቦም ንጽሮም
ሃየ ንቕሊ፡ ደሃይኪ ኣስምዕዮም።
ንሳቶም፡ 'ቶም፤
    ምስ ቃንዛኺ ዝቕንዘዉ
    ምስ ስቓይኪ ዝመሓዘዉ
    መንፈስኪ ኣብ መንፈሶም
    ንዕኦም ከትብሊ ብእኦም
    ተንስኢ ተበራበሪ
    መሬት ነጊሁ'ኳ'ዩ ገጽኪ ተሓጸቢ
    'ኣለኹ! ከህሉ'የ!' በሊ።

መቓድሾ ጸዋር፡ መቓድሾ ዓቕሊ
መቓድሾ ምስጢር፡ መቓድሾ ገድሊ
መቓድሾ ዕምቈት፡ መቓድሾ ውቅያኖስ
ህድኢ'ስኪ ከምታ መርከብ ናይ ኖህ።

ይኣኽለኪ።
ነዚ ህራማት፡ ብስዕሳዕ ገጻትኪ
ነዚ ውዳቕ ንህለት ቅርሰኺ
ነዚ ስደት፡ ከርተት ደቅኺ
እንታይ ከትውስኽሉ ደሊኺ!፧

ኣብዚ ገምገም ሰፊሕ ማያት ኣሳፊሕኪ
ጸራሪግኪ ኣጥሒልዮ ሕሰማትኪ
ኣጽሪኺ ሕጻብዮ ውሽጠ-ውሽጥኺ
መንደቕ-ወዲ-መንደቕ፤
ናይ እለት ዕዮኺ።

ሃየ በሊ ተበራበሪ፣ ዕዮኺ ቐጽሊ
በዓል ኣስመራ ኣለዋ ኣብ ጐ'ንኺ።

19-01-2019
መቓድሾ፡ ሶማልያ

# ክፍሊ ክልተ

- 1 -

ጽሕፍቶ ወላዲት
በኳር መርዓት፡
ኤርትራዊት ኣደ፣
በይና ዘዕበየት
ብርያ ከይረአየት፡
ግዜ ምስ ፈረደ፣
ጸጕራ ተደርሚሙ
ደንበኣ ባዲሙ፡
እዋን ምስ ከሓደ፣
ጥልመት ኣርኪቡዋ
ሰብ ሕቔኡ ሂቡዋ፡
ፈተነ ምስ ወረደ።
ኣብ ጥራዩ ቼሮ
ኣብ ዝሓሰአት መሬት፤
ሒማኣ ጥይት ጸላኢ ወሲዳቶ
ጾር ሕደ-ማንታ
በይና ተሰኪማቶ።
ናብራ ቑሽት፤
ማሕረስ-ጕስነት
ዕንጸይቲ-ም'ፋር፣ ንየው ራሕቂ፣
ማይ-ምውራድ፣ ኣኽል-ታርፍ ጭንቂ።
ኩሉ ብጕልበት፡
ኩሉ ብኽርተት።

ከይትርእ ሰኒፉ
ከትጸንሕ ሓሊፉ
ከትገጥሞ ተሰሊፉ
ዘይሕለፍ ኣሕሊፉ።
ኣብ ደቃ ኣንቢራ፡
ደረት-ኣልቦ ተስፋ
ኩሉ ኰይናትሎም፡
በጃ ተነጺፉ።

ባህሪያዊ'ዩ፣ እዋን ክሓልፍ
    ክሕንገድ ክረምቲ፣
መሬት ክሰኣና
    ወላ'ቲ ኵዕንቲ።

ኢ-ሰብኣዊ። አረ ንጹግ፣ ብባህሊ ዓዳ፡
ዘይምጥምማት፣ ምትዕምማት
ስጋይ ስጋኻ ዘይምባል
ኢድ-ንኢድ ዘይምቅብባል።
እዛ'ደ ንኹሉ ስኢናቶ
    ንኹሉ ግን ክኢላቶ።
ናይ ሰብሲ ደሓን ኣይኸፋእ ናይዝጊ
ጠሚታ ላዕሊ፡ ጠሚታ ታሕቲ
ውህደት ትስእነሉ ናይ ተፈጥሮ ወቕቲ።
ኣይትራገምን፡ ኣይተማርርን ብዕድላ
ተስፋኣ'ዩ ዝዓቢ፡ ደቃ ክኣኽሉላ፤
ንድኸነት-ድሕረት
    ኣውዲቖም ክሓልፍላ፣
ንክርተት-ውርደት፡ ጸጸልጺሎም፡
    ሸሻይ ከጠጥዑላ።

'ዛ ሰብኣዊት ኣደ
ሸጥ መዓንጣኣ፣ ተቓላሲት
ኣብ ሕሱም እዋን ተስፋ ተቐናቲት
    'ዛ ጸዋር ዋዕሮ፣
ብዓይነ-ሕልናኣ ንጥዑም ግዜ ትስእሎ፣
ከም ወሓለ ቐራጺት፡ ብጥበብ ሃናጺት፤
    ይረኣያ ኩሉ ጥዑም
    ተኣልዩላ ኩሉ ሕሱም፤
"ድሕሪ'ቲ ኩሉ ክርተት፡
"ክሓልፍ'ዩ!" ትብል፡ "ሓሳረ-ውርደት"
"ክመጽእ'ዩ!" ትብል፡ "ራህዋ ምስ ቅሳነት!"

ትርእዮ ኣብ ዘይብላ
ድርብ ዝርእዩዋ
እንቅዓ ዝጽበዩ

የሎን ዘይፈልጡ
ዓይኒ-ዓይና ዝጥምቱ. . .
　　　　ይጠማመቱ፣ ይጥምቱዋ
　　　　ትጥምቶም ዓቕላ ጸቢቡዋ።
ዓይኒ ተጸባዪ፡ ወጋኢ ቈላሕታ
ልባ ወጊኡ፡ ዘድንን ከሳዳ. . .

ኣብታ ሓንቲ ’ዚንእዳ፡
ብምሩጽ ሓመድ ተለሚጸ ዝወቀበት
　　　　መውጽኢ ብርኮም፡
　　　　　　　　ጸባብ፡ ግን ማሙቕ ህድሞ፡
ብድኻም ከይተሰነፈት
ኣብ ቀቢጸ-ተስፋ ከየዕረፈት
ንማንታ ደቃ፤ ብማንታ ጕድኒታታ፡
　　　　ብማንታ ኣዒንታ፡
　　　　ብማንታ ምናታ
ከምዚ ሓቛፊት ደርሆ፡
(ብምቈት ኣካላታ)
እትምዝሕቕ ቀዝሒ ደቃታ፡
ሓቑፋቶም ከተዕልል ተምሲ፤
ክትምልኦ፡ ነቲ መሊኡ ዘይመልእ፡
　　　　　　　　ስኡን ከርሲ።
ደሃይ ሰዲዳ ናብ ጐደቦ
ክትሓታትት ቍሩብ-ቍራቦ
ዝባኖም ከይርእዮ ወደ’ቦ።
ኣይሰመረላን፤
　　　　ሰብ ከፍአ
　　　　ሰብ ጠፍአ
ተረፈት ኣማራጺ ኣልቦ።

ጥሪት ሸጠቶም በበሓደ
ማይ-ማይ ሸተተ ደምበ
ዝብላዕ ክትምእርር፡
ምንባር ከተመቅር፣
ተፈጥሮ ከም ዘይእውዳ፤

ሓሬት ተቐሊባ
ትቕልቦም ጸባ
ኣተርኢሳ ተደቅሶም
ኣብ ልዕሊ’ቲ ፈቃር ቀልባ።
ንሱ’ዩ ዘዕርፈላ ልባ፣
ንሳቶም ጥራይ ይጥዓዩላ
ይዕበዩላ።
ጽባሕ ክኾኑላ’ዮም ኪዳን
ክንዲ ሴፍን ዋልታን
ክጥጥዕ’ዩ ገደና
ክዕርፍ’ዩ ጐድና፤
ሓዲኦም መሮር ክወፍር -
ሓዲኦም ክሓርስ!
ሓዲኦም ክጒልጒል -
ሓዲኦም ክኹስኲስ።
ሓዲኦም ክነግድ -
ሓዲኦም ክነግስ. . .
ስቓይ ሰትያ ሰለኣም
ገዛ-ገዛ ኣትያ ንዕኦም
ጽባሕ ብንያት ክትጸውየሉ
ደቂ-ደቃ ሓቝፋ ክትሕበነሉ።

ሰብ’ያ ግን፣ ክትጽሎ ግድን
ማዕረ ጽንካረ ናብራ
ዘይጭበጥ ተስፋ
የሕሰባ፣ የተሓሳስባ
መጻኢ ዕድል ደቃ
ናታ ድዮም፣ ናቶም ድያ፧
ዕረፍቲ ዘይህብ ሻቕሎት
ኣልቦ ብርያ፣
ኩሉ ዝኾነትሎም
ኩሉ ክኾኑላ
ወሊዶም ዘሚዶም
ሻሕሻሕ ክብሉላ
እዩ ሕልማ።

እምበር ካልእ!
ኣበደን! ኣይቅበልን 'ቲ ፍጥረታ፣
ዘንፍር ናይ ዓይኖም ጽንጽያ።

ከብደት ናይቲ ከርተት
ሓሳር ናይቲ ውርደት
ሰሪጹ ኣብ ትርኢታ፣
በብቐኍብ ሓሲኡ
እቲ ምልዖ ገጻ፣
ሰኸም ናይቲ ሕሰማት
ቀሊዑ፡ ዓጢኑ፡ ኣሰሪጹ ማዳ
ነቲ ጐርዞኣዊ መርመም መልክዓ
ፈታቲኑዎ፡ ደቢኑ ወዝዛ. . .
ብሓሳብ ተበሊዓ፣
'ታይ ከም ትቕልቦም፡
'ታይ ከም ትኸድኖም፡
ይዓጕግ ስክፍታኣ፣
ካልእ ባህጊ ቦታ የብሉን -
ኣብ ተፈጥሮኣ።

'ወሊድካ ፈትኖ'ዩ፣ ተወሊዳ።
ሕልፊ ሰኸማት ከም እትዕደ
ማንታ ሓላፍነት ተገዲዳ።
ንግሆ ኣተንሲኣ፣ ተስፋ ኣሰኒቓ
ምልክት ስቓይ፡ ምልክት ስእነት
ምልክት ስግኣት፡ ምልክት ሻቕሎት
ፍጹም ከየርኣየት
'ኣጆኹም ክሓልፍ'ዩ!' እናበለት
ድሕሪ'ታ ምቅርቲ ናይ ወላዲት ስዕመት፤
ቅድሚ ጸሓይ፡
- ከይሓርአ ለማናይ -
ኣንጊሃ ወጺኣ
ዕራርቦ ትምለሶም፡
ዝሓዘት-ሒዛ፣
ዝጕሰስ ኣብ ዘይብሉ
- ተመን ጓሲሳ።

እዋን እቶ-እቶ - ኣጋ ግዜ
ኣብ ገበላ ናይቲ ሓመድ-ሓመድ ዝሸትት ደምበ
ትጽውት ጸኒሖም፡ ሰዓት ምልሶታ ምስ ኣርከበ
በቲ ትመጽኣሉ፡
ደበናታት ከም እትጋልህ ርግቢ፡ ቅልቅል እትብለሉ፡
እናሻዕ የቋምቱ
"ኣደዋ'የ! ኣደዋ'የ!" ልበም እናሃረሙ
ውዕለቶም እናጸብጸቡ
ብጒያ ይቕበሉዋ፡ 'ቶም መናቱ።

ወፈረን ውዒለን
እምባሕ-እምባሕ እና'ላ
ከም ዝኣትዋ ኣሓ
ኣብታይ እናዓንደሩ፣
            እናተሰራሰሩ
ፍንጥሪዕ እናበሉ
ዝቕበሉወን፣
እዮም እቶም መናቱ
ናብኣ ገጾም ዝእንፍቱ፣
            ዝህንፈፉ፣ ዝንቈቱ።

ብናፍቖት ደቃ ተሳዒሩ፡ 'ቲ ተሪር ዓቐብ
ከም ማይ ትሰትዮ፣ ትወጾ ብዘብዘብ።
ጐፍ ምስ በሉዋ፣
ሽምጣ ዓቲሮም ምስ ሓቚፉዋ
ንላዕሊ ቀኒና
("ተመስገን!" ኣመስጊና)
ንታሕቲ ደኒና፡
ብኽልተ ጐድና ሓቝፉ
ኣብ ጓጓኣ (ቱሽቱሻ) ወቲፉ
ናይ ናፍቖት ስዕመት፡
            ኣሻቡ ትምጥዎም፣
ፈውሲ-ናፍቖት፡ መለሳ ፍቕሪ፡
            ብሃፋኣ ተምቚም።
እና ሃበት ካብ ትሕዞኣ፡

ዝወዓለቶ ኣዕሊላ፡
ዝወዓሉዎ ሓቲታ፣
ናብ ገዛ ተብል እናዕለለቶም ብኸልተ ኢዳ ሒዛ፤
"ኣደ'ቲ!"
"ወደየ።"
"ናፊቐኪ!"
"ኣነስ ናፊቐኩም እንድየ!"
"ኣደ'ቲ!"
"ወደየ።"
"ንሕና ንሞርር ክንወፍር፡
ኣያና ክሳዕ ዝመጽእ ንስኺ ገዛ ወዓሊ!" ምስ በሉዋ. . .
ኩሉ ኣብ ውሽጣ ከም ዘይትጸሮ
ኣብ ቦቦታኡ ሰሪዓ፡ ከም ዘይትዓቐሮ
ሃንደበት ገንፊሉ
ውሽጣዊ ዕቋራት
ልዕሊ ዓቕማ ዘነበ መኸወሊ ኣልቦ
ኣይሂ ንብዓት።
ክትርእ ኣይነበራን
ፍቕሪ'ምበር ንብዓት ኣይኣመላን
ከመይ ግን ክትዓግት ተፈጥሮ
ግንፋለ ውሽጢ፡ ዋልታ ግዳም ነይክውሎ።

ከም ኣመላ፡ ብዝክኣላ፣
ዝምኽነ ኣመኽንያ፡ ከየስተውዕሉላ
ዝሕበስ ሓቢሳ፡ ኣሰር ንብዓት ከይርእዩላ
ሓድሽ ዛንታ ትፈጥር በሰላ ከዊላ
ቅሳነቶም'ዩ መለሳ ከርተት ዕድላ።

ማዕዳታት፡ መግናሕቲታት ህይወት ትህቦም፣
መምሩጹ መሪጸ ርሁው ጽባሕ ትስእለሎም
ጸጕሮም እናሽሓረት፡ እናሰዓመት፡ ተጻውቶም
ጽውጽዋያት፡ ሕንቅልሕንቅሊተያት ተዘንትወሎም፡
ተዝግኖም፡ የዝግኑዋ፣
ትጻውዮም-ይጻውዩዋ
ሕንቲኽ-ቲኽ፣ ተስሕቖም - የስሕቑዋ
ድቃስ ይወስዶም፡ ፍጹም ከይመነዉዋ

ድቃስ ይወስዳ፡
ልዋም ድቃሶም ኣቕሲኑዋ።

ኣብቲ ዕላላት፣ ሳሕቲ፡ ምሉቑ’ሉዋ፡
ነቲ ዝነበሩዎ ውርደት-ከርተት
ንኸይተጋልጾ ኣብ ትገብሮ ቅልስ
ምስ መግዛእታዊ ሕሰማት ኣተኣሳሲራ’ያ
ትጸውዮም፤
ኣብቲ ምዉቑ ናይ ወላዲት ሕቑፉ
እና’ጸግዐት።
ስሕት ኢላ’ውን፡
ብዛዕባ’ቲ ዝጐህር ቃልሲ፡
ብዛዕባ ተጋደልቲ
ኣምሉቑ ምባል ነይሓደገት፡
ወላ’ውን ንዘይትመልሶ
(ከይሰርጾም ብማለት) ኣፉ ’ንተዓበሰት።

እቲ ኻልእ ገጻት
መድረኻዊ ኣማራጺታት
መግዛእቲን ስደትን ነይሩ
መለሳ ኣልቦ ዕድሎት፣
ብዓይኒ ኣደ እንክርአ
መንገዲ ጥፍኣት’ዩ፣ ክልተ ሞት።

ብዝዓበዩ፡ ብዝሸወቱ፡ ልቢ ብዝቑጸሩ፤
ንመግዛእቲ፡ ከም ቀንዲ ጠንቂ-ሕሰማት ወላዲቶም
ጠንቂ ሞት ወላዲኦም፡ ብምግንዛብ፡
ብዘይቁጻጸሩዎ ዋሕዚ፤
ጽልኣት መግዛእቲ፡
ፍቕሪ ተጋደልቲ
ኣብ ውሽጦም እናተባልዐ፡
ማዕረ ዕድሚኦም ዓኾኽ።
ቀልጢፎም ኣኺሎም
በትሮም ኣልዒሎም
ብሒም ዝበለ ክሕጐም
ባህጊ ብርያ ነደኦም፣
ሱር ሰዲዱ ኣብ ደሞም ሰረጸ።

(ብኸምዚ'ዮም ዕድመ ኣዳም ረጊጾም - እዞም መናቱ
ንወላዲቶም ዘብለየ ዓመታት ከርተት ሰቓይ
ተገዚሞም፡ ዓንቢቦም ዝሸወቱ።)

- 11 -

ቅልስ ህይወት ከም ቀደሙ።
ከመይ'ሞ ከፍታሕ!
መግዛእቲ እንከሎ ጌና ተጋዲሙ፣
ኣበይ'ሞ ክስራሕ!
ምስ ወሓደ ወፈሩ ብሰላም ዝኣቱ
ፈሊጣ፡ ብርያ ከም ዘይኣኸለ ሰዓቱ
ሓላፍነታ ኣየውረደትን
ከዕርፍ ኣይበለትን
- ይእከሉ ኣይእከሉ -
ሽጥ መዓንጣ፡ ቅናት ኣይፈትሐትን።
ዘይዓርፍ ጾር ተፈጥሮ ኣብ ዝባና ተጠቕሊሉ
ናይቲ ጥርሖም ዝረኣየቶም
ከምኣ'ይላ ቐሪጻቶም፣
ፈውሲ ኣልቦ ዕድሎት - ሻቕሎት ቀጺሉ
ኣደ እንድያ ሻቕሎታ ዕድመ ዘይልክዖ
ኣደ'ንድያስ፡ ኣደ፣
ኣደነታ ጽኑዕ፣ ኣካላ ክሳዕ ፍልሖ ዝበልዖ።

እናሓደረት ከይደቀሰት
ኣንጊሃ እናገስገሰት፡
ናብራ ሓረስታይ ኣድሪሳ፤
ሓጋይን ክረምትን
ቀውዐ-ጽድያ ሓዊሳ!
ከምቲ ትምነዮ፡
ከም ባህጋ፤
ክኾኑላ ደቃ።

'ና ጐበዙ ምስ ከዱ
ድምጺ ምስ ኣርጐዱ
ዳስ ከትተክል ይዓቢ ባህጋ

ዓስቢ'ቲ ከቢድ ዋጋ
ከትቅበል መኸኸ ደቃ
ልባ ትሃርም፡ ትንየት። ትሓልም፤
"ሰይ-ሰይ! ተወሊዓ ፋኑሰይ፡ ተወሊዓ'የ!
ዕሰል-ዕሰል፡ ነቦኻ ምሰል!" ተዚመሎም።
"እዚኣ ንሰመረ፣ እዚኣ ነስመሮም!"
ጕራዙት ትጥምተሎም
ሓደ ዳስ ይኣኽሎም። ሓደ እንድዩም።

ማዕረ ማዕረ ባህጋ፣
ስከፍታ ይዓጓ።
ሻቕሎት ይቀላቐላ
ውሽጣ ይገማጠላ
ከዊልካ ዘይከወል ጸዋዕታ ተፈጥሮ
መድረኻዊ ጠለብ ጸሎት ኣደ ዘይቅይሮ
ከም ሰላሕታ ኣዳህሊሉ ዘንቀደ ልባ ከሰብሮ፣
ዝጕሃሃር፡ ዝጕህር ጸዋዕታ
ድቃስ ዝኸልእ፡ ዘይምሕር ግዴታ
ከም ሽላ-ኣሞራ
መግዛእቲ ከይምንጥላ
ገድሊ ከይወስደላ
ምቕለይ'ይሉ፡ ከይማቐላ
    ፈግ፡ ልባ
    ስልብ፡ ቀልባ።

ወሊዳ በይና ከም ዘየዕበየት
ኣጽንሕልና ከም ዝተባህለት
ትማታእ፡ ትሻቐል ናይ ተፈጥሮ ነገር
ብርቱዕ ውሕጅ ከመይ ኢልካ ይስገር፤
ከም ዘይሓለፈቶ ሰሚዓቶም
ምስማዕ ከይኣብዩዋ ልቢ ሰኹዖም
"ናተይ'ዮም! ቈልዑ'ዮም
ደቂ መብጽዓ
ፍረ ናይ ወላዲት ወጽዓ
መን'ዩ ዝወስደለይ!
ናተይ'ዮም ናተይ!"
ትቃለስ ምስ ውሽጣ

ትጽሕትሮ ደረታ
ግዜ ነቢባ፣ ዝተኣኻኸብ ስከፍታ።

ዘየናሕሲ ምስ መሰለ 'ቲ ገድሊ
ኣብ ውሽጣ ኣጒዳ ዘይቅህም ዓህሪ
ሓደኦም ክሓድገላ ትደሊ
ጸላኢ ክርሕቀላ ትጽሊ
'ና በሃገት ደቃ ክነብሩላ
'ና ደለየት መግዛእቲ ክርሕቀላ፣
ዋይ'ዛ'ደ መናቱ!
ኣብ ክልተ ጸሎት ትኣቱ!!

ቃልሲ ህዝቢ መመሊሱ ይጒህር
ልቢ ወላዲት እናሻዕ ይንህል
መግዛእቲ ኣይግዳዱ፡ ሰብ ይምንጥል
ዓይኒ-'ብለይ-ስኒ-'ብለይ ብግዲ የዐስክር።
ናብራኦም በረኻ ኣጒባዝ ዓዲ
ሃድን ጸሊኦም ብረት ብግዲ።

ጽባሕ-ጽባሕ፡
    ቊመቶም ትልክዖ
    ዓመታቶም ትጽብጽቦ
ብመንጽር'ቲ ዝሓለፈቶ ከርተት እንክልካዕ
    ድራር ዓይኒ፡ ድራር ከብዲ፡ ዘብሉ'ዮም
ዓይኒ ኣባዮም ይደፋእ፣
    ጻማ ዝመልሱ ይግበሮም
ውግእ-ወረ-ውግእ ይጥፋእ።

"ዞም ቈልዑ፡ ከይዶም'ምበር ኣኺሎም
ማርያም ባዕላ ጽላላ ተንብረሎም!
ወላዲ ዝቐስነሉ ግዜ ኣይኰነን
ወላዲ ዘስምዓሉ፣ ዝስምዓሉ'ውን ኣይኰነን
        'ንታይ ይገበር፤
እዚ ኹሉ ከርተት'ዚ ንጥይት!፤ ቱፍ . . . ቱፍ!"
እንቅዓ ተስተንፍስ ከቢድ ውሽጣዊ ኡፍፍፍ።
ምስ ውሽጣ ከቢድ ምጒት ኣልዒላ
ከተዕለብጥ ትሓድር-ትውዕል ድቃስ ዘይብላ።

- 111 -

ቀዳም'ዩ። ኣደ መ'ዓሊኦም ሂባ
መሪቓ ኣፋንያ፣ ብደሓን ክምለሱ
ጸልያ።
ሓደ ናብ ዕዳጋ
ሓደ ናብ መሮሩ
ብሓባር እና'ወፈሩ፤
ጐፍ በሉዎም ገለ ሰብ ብረት!
ኣልባሳቶም ብምልኣት፡
ብቐንኣት ዝጥመት፣
ኣካላቶም ህጡር፡ ውጡር
ክም ከበሮ ካህናት፤
ልቦም ተማሪኺ፡ ተሰሊባ
ኣብ ዝባኖም ተሰቕለት።
ብትእዛዝ 'ጽናዕ' ክም ዝቜመ ወተሃደር
ፍሕት የለ ምንቕ፣
ድርቕ!።

ዝናኦም ክፈልጡ ኣብ ዓዲ
እቶም ተጋደልቲ፣
ሕቶታት ኣዝነቡሎም
ሰላምታ ድሕሪ ምሃቦም፤

"መን ኢና ንሕና፧"

"ተጋደልቲ!"

"መንከ ይብሉና፧"
"ድኽነት ሰዓርቲ!" . . .
"ኣለይቲ መግዛእቲ" . . .
"ነቦና ዝቐተሉ ቐተልቲ።"
መለሱሎም ብኸሩዕ ንያት።
ተተመናጢሎም ሓቜፉዎም፣
ኣራእሶም እናደረዙ
መናኹቦም እናጠብጠቡ

ካብ ዘይብሎም - ንኸውርዩሎም፣
ንደቂ-ዓዶም፡ ንመዛኑኦም፡ ንጐደቦኦም
ጥዒመሞ ኮነ ርእዮሞ ዘይፈልጡ
ፍረታት ተምሪ ሂቦሞም፡
ተዓዝሩ በቲ ቊልቊል፡ ሃቲፎም።

'ዞም መናቱ ኣዒንቶም ከኣልዩ ዘበት!
ሸዓን ኣብኣን'ያ ዝኣተወቶም 'ታ ዘይትምሕር ስርጸት።
ትዝ እናበሎም፡ ዘይገደፈቶም ምላቖ ጽዋ ወላዲቶም
ተዓነዱ። ኣዒንቶም ሰደዱ፣ እግሪ-እግሮም።
ነዛ ጐፍታ፡ ናይ ልቢ ጸዋዕታ
ነደኦም ከይነግሩዋ
ልባ ከየምልቑዋ
ምሒሎም ጥሒሎም
ጸጸር ውሒጦም
ንብር-ነበሩ፡' ናለከው ቊመቶም
'ናመተሩ ስጒሚታቶም
እግሪ-እግሪ ወላዲቶም
ተዋሰአ እናሰርሑ ኣብ ገበላኦም
ምስሊ ናይቲ ዝረኣይዎ፣ ምፍላይ ዝኣበዮም
ተጋዳላይ፡ ተጋዳላይ፡ ኮነ ጸወታኦም።
ሓደ ንግሆ፡ ቀዝሒ ታሕሳስ፡ ከም ልማዶም
ጸይሮም መዓሊኦም
ተፋንዮም ካብ ወላዲቶም
ሓደ ናብ ምህሮ
ሓደ ናብ ጉስነት
ኣንጊሆም ምስ ከተቱ
ከቶ ነይተመልሱ።
ግዜ ምስ ነውሐ
ዕድል ምስ ከውሐ
ፍርሒ፡ ፍርሒ ወለደ
ዓቕሊ ጽበት ተኣጒደ
ኣብ ሕልና 'ዛ ኣደ።
ናብዝን-ናብትን ተብል
ነዝን ነትን ተልዕል፤

ትድርቢ ዘዘልዓለቶ
'ሃተፍ' ኩሉ ዝበለቶ
ኣይወዓል'ዩ ዝወዓለቶ!
ከውታ ለይቲ ናበይ'ያ'ሞ ዘየበለት
ድቃስ ዝኸልእ -
ጸላኢ ተንቀሳቒሱ ምንባሩ ሰምዐት።

ትምረር-ትምዓር፡ ንርእሳ ኢላ'ያ ትወግሕ ለይቲ
ነዛ'ደ ግን፡ ኣይወግሐትን እዛ ድቕድቕ፡ ሕስምቲ፡ በዓቲ
ተፈጥሮኣዊት መሬት ወገግ ኢላ
ከመይ ኢላ'ያ'ሞ ክትርኢ ኣዒንታ ተመንጢላ
ኣብታ ናይ ቋሕ-ሰም ህሞት
ክውሕጣ'ይሉ መልኣከ-ሞት
'ንታይ ዘይሓሰበት
'ንታይ ዘይመጐተት
ብገዛእ ደቃ ዋጋ-ዕዳጋ ኣትያ
ስም መላእኽቲ ጸዊዓ ጸልያ
ናብ ፈጣሪ ጠሪዓ
"እንተኾነ ማንታ'ዮም ብሓደ፣
ተረፈ. . .
ካብ ክልተ፡ ሓደ
ኣይትኸልኣኒ፣ ወይ ኣጨክነኒ
ርኢኻ ምስኣን
ዝወለደት መኻን
ምኳን ኣኽእለኒ!"
መሬት ትጥብጥብ
ንብዓት ተንጠብጥብ።

ንብዓታ መን ክርእዮ!
ብንብዓት ድዩኸ ክግለጽ፣
ልሕጻጸት ልባ
ኣብ ሕልና 'ዛ ኣደ።
ናብዝን-ናብትን ተብል
ነዝን ነትን ተልዕል፤

ትድርቢ ዘዘልዓለቶ
'ሃተፍ' ኩሉ ዝበለቶ
ኣይወዓል'ዩ ዝወዓለቶ!
ከውታ ለይቲ ናበይ'ያ'ሞ ዘየበለት
ድቃስ ዝኸልእ -
ጸላኢ ተንቀሳቒሱ ምንባሩ ሰምዐት።

ትምረር-ትምዓር፡ ንርእሳ ኢላ'ያ ትወግሕ ለይቲ
ነዛ'ደ ግን፡ ኣይወግሐትን እዛ ድቕድቕ፡ ሕስምቲ፡ በዓቲ
ተፈጥሮኣዊት መሬት ወገግ ኢላ
ከመይ ኢላ'ያ'ሞ ክትርኢ ኣዒንታ ተመንጢላ
ኣብታ ናይ ቋሕ-ሰም ህሞት
ከውሕጣ'ይሉ መልኣከ-ሞት
'ንታይ ዘይሓሰበት
'ንታይ ዘይመጒተት
ብገዛእ ደቃ ዋጋ-ዕዳጋ ኣትያ
ስም መላእኽቲ ጸዊዓ ጸልያ
ናብ ፈጣሪ ጠሪዓ
"እንተኾነ ማንታ'ዮም ብሓደ፣
ተረፈ. . .
ካብ ክልተ፡ ሓደ
ኣይትኸልኣኒ፣ ወይ ኣጨክነኒ
ርኢኻ ምስኣን
ዝወለደት መኻን
ምኧን ኣኸእለኒ!"
መሬት ትጥብጥብ
ንብዓት ተንጠብጥብ።

ንብዓታ መን ክርእዮ!
ብንብዓት ድዩኸ ክግለጽ፤
ልሕጻጻት ልባ
ከም ዝነቕዐ ዋላኻ!
ፈኻሕካሕ በለ፡
ነቒዑ ገጻ።
ወሊሉ በረደ፡
ረድረደ ኣብራኻ።

ንብዓታ ወሓዘ
በቲ ዕጣራት ገጻ።
ነነጢሩ ጀረበ
ወሓዘ ናብ ባይታ።

ዘዝሓሰበቶ ከፉእ ከትኣሊ፡
ካብ ሓሳባ ክትደልየሉ ከውሊ
'ከምቲ ኣደኻ ትብሎ ኣይግበረልካ' ከይገብረሎም
ኣጽዒቓ ጸለየት፡ ንድሕነቶም።
ናብ ተብሎ ጠፊኡዋ
ትብሎን ትገብሮን ሓርቢቱዋ
ዓዲ ምዓላ፣ ኣብቲ ገበላ
ብርካ ዓጺፋ፡ መንከሳ ተደጊፋ
ቅጅል ኢሉ ዝሓለፈ ተራእዩዋ
ዘሕደረቶ ተስፋ፣ በኒኑ ተሰዊሩዋ
ናይ ዓቕሊ-ጽበት፡ ልባ ትሃርም
ትንኽነኽ፡ ትንቅብቀብ፡ ትቕዝም!
ትገብሮ ጠፊኡዋ፣
ባእሲ ምስ ውሽጣ
ጸጸሕቲሩ በሊዑዋ፣
ድምጺ ኣልቦ ኣውያት
ኣእዛና ለኪቱዋ፣
'ቲ ሽኮ ኣእጋራ
ሓሊኹ ሒዙዋ፣
ርኢኻ ምስኣን
መሪር ዕጫ በጺሑዋ።

ቀቢጹ ዘይቀብጽ፣ ዘይዓርብ ንያት
ቀቢሩ ዘይቀብጽ፣ ተቓሊሑ ናይ መርድእ ኣውያት
ኣራዊት ኣይረኸቦምን
መግዛእቲ ኣይመንጠሎምን. . .
ጽኑዕ'ዩ ሒዙዎም
ፍቕሪ ገድሊን ሃገርን
ዘይምሕር ጸዋዕታ
ገድሊን ገደልን።

ደሃዮም ከተጣይቕ፣
ናበይ ከም ዘበሉ
ኣሰሮም ክትደሊ
ከይወሓጦም ጠቐሊሉ
ከይዳ በጺሓቶ!
ኣኽራን ጐላጉሉ. . .
ወግሐ-ጸብሐ ጐዕዞ
ዕረፍቲ ዘይብሉ።
ኣብ ማእከል ባሕሪ ሓሳብ
ኣብ ማእከል ማዕበል ምጽብጻብ
ብሶላ ኣልቦ፣ ሃው ዘለ ገደል
ጐቦ-ስንጭሮ፣ ሰጣሕ ጐልጐል
መዕረፊ ኣልቦ ሃፈጽታ ሲኦል
ከይዳቶ፣ ጠሓሒሳቶ
ደሃይ ’ናጣየቐት ኩሉ በጺሓቶ።

“በዚኣ ሓሊፎም
ኣብዚኣ ተራእዮም፣
ኣብቲኣ ተሰሊፎም
ኣብዚኣ ኣዕሪፎም. . .”
ጭብጢ ወረ ኣብ ዘይብሉ
ድኻም ኣይ’ንታያን
ኣሰር ኣብ ዘይብሉ
ዕርበት ኣይንያታን፣
ዓዲ-ዓዲ፣ ፈቐዶ በረኻ
ሩባ-ኰርባ፣ ስንጭሮ-ጣሻ
ጨው-ቀትሪ፣ ድቕድቕ ጸላም
እለሻ ወላዲት፣ ዕረፍቲ ኣልቦ ምስጋም. . .
ከይድ ውዒላ፣ ከይድ ሓዲራ
ቍልቍል ወሪዳ፣ ጐቦ ሓኹራ
ጽምኢ-ድኻም ነጺጉ መፈጠራ
ቅድድም ምስ ግዜ
ቅድድም ምስ ተፈጥሮ
ሕኑን ንያት፣ ሕሰም ዘይስዕሮ
ቅብጸት ወላዲት፣ ሞት ዘይቅይሮ።

ነገረ-ወላዲት፣ ኩሉ ኣብ ውሽጣ
ኩሉ ካብ ውሽጣ፣ ኩሉ ናብ ውሽጣ
ሕኑን ምጕት'ዩ. . .
ፍረ ማህጸና መን ክምንጥላ
ደርሆ'ኳ ትጋጠም ምስ ሽላ-ኣሞራ
ዋልታ ንደቃ፡ ሂባ ግንባራ።
ኣደ'ዛ ኣደ፡ ኣደ ሰሓቕ ዓላ
ደቃ ከተምስል ዘይምሱል መሲላ
ፈትያ ክትህብ መሪጻ ዓሊላ
ንዅናት ግን ዘበት፣ ተፈጥሮ ነይዓደላ።

ክልተ 'ዝ ገጻታ ቍሽት
ኣብ በሪኽ ታባ፡ ምሕድግ'ላ ዝተደኰነት
ክም ዝጸባጸብ፣ ክም ዝባላዕ፣ ጸጥ ኢሉ ከባቢኣ
ጽምዋ ዝተዋሕጠት፣
ደበኽ በለት 'ታ'ደ
ምልክት ድኻም፡ ዕርበት ንያት፡ ንማሕላ ከይላህልህት
ንዱር ገጻ 'ናተነበ ካዕበት
ህሩግ በለቶም ንገለ ተጋደልቲ
ዘይተጸበይዎ፣ በቲ እዋን፡ በቲ ወቕቲ።

በርደግ፡ ጨርባሕባሕ ድምጺ
ሓጺነ-መጺን ጽልኣት ዝፋጺ
ብሰብ ተሰሪሑ ንሰብ ፈላጺ
እዩ ተቐቢሉዋ ሕሱም ነውጺ
እንቋዕ ኣይተዓወተ ሕኑን ተሃዋጺ።
በብዝነበሩዋ
ሸበድበድ ንሓለዋ
ገለ ዓጕጕም ከበቡዋ፡
ገለን በብመኣዝኑ፡
ተጻናጸኑ
ከይህልዉ ካልኣት ዝስዕቡዋ።
ኣትኪሎም 'ናቋመቱ
ምስ ውሽጦም 'ናመጕቱ
ናብቲ ሕዙን፡ ዕቱብ

ናብቲ ነዳር፡ ሕጹብ
ሕኑን ፊታ
ከመይ'ሎም ብምልኣት ክጥምቱ፤
ከመይ ኢሎም ንቡብ እንታይነታ ከሓቱ፤

ትንፋስ ክመልስ፡
ከዕርፍ ከይበለት
ዘምጽኣ ነገረቶም
ክሳድ-ክሳድ 'ናኣነጸረት
ዓይኒ-ዓይኖም እናጠመተት
ዙርያ ብዙርያ ኲለለቶም ብትዅረት
ምስሊ ደቃ ከም ገለ 'ተረኽበት።

ከምቲ ንቡር፡ ከምቲ ዘይንቡር፡
ድሕሪ'ቲ ዝተሓሰመቶ ኣለይ-መለይ፤
ምኽርን ማዕዳን፡
ድንጋጸን ርሕራሐን፡
ስክፍታን ጥርጣረን፡ ሓዊሶም፣
ነድሪን ጽልኣትን 'ናተነበ ኣብ ገጻቶም፤
"እንተ ዘይደኸምክን ይሕሸክን!
ሰብ ኣሰኒና ዓዲ ክንመልሰክን
ጸላኢ ከይረኽበክን፡"
ብምባል ክትምለስ ተማሕጸኑዋ
ከመይ'ሎም'ሞ ብምልኣት ክጥምቱዋ
ሕሉባ ንጹፋ ገድሊ መንጢሎዋ።

"ክብ ለጠቕ ኣሎ
ኣስተውዒልካ ተሰለፍ በሎ
ድሎ ከይትዕሎ. . .
ናይ ግዜ ምሕቋን፡ ናይ ሰብ ስሕታን
ቅንጸላ ሃድን፡ ሓው-ንሓው ዘተፋንን
ከቢድ መስገደል፡ ደም ኣሕዋት ዝቀባበል. . .
በበይኑ ታቦት፡ ንሓደ እምነት
ዘረግቲ መኣዲ፡ ጸረ ስምረት
ዝተተኽለ ዝነቕሉ
ዝተመኽረ ዝብትኑ

ነይሮም ኣሽሓት
ናይ ቃልሲ ርስሓት. . .”
ነይሩ ’ቲ ዓላላት ከትሰምዖ ዘጽልእ
ሰላም ዝኸልእ።
ግዜ ኣይሓገዘን መሬት ከሪሩ
ንሜዳ ዝወጽኡ ጸላኢ ከባርሩ
ኢድን ጓንትን ኰይኖም ከጋደሉ
ኣብ ውሽጦም ግን ጽልኢ ጕሂሩ
ተካል ዕጫ’ዩ
መሪር ምርጫ
ሕድሕድ ይኲሳተሩ፣
ሓው-ንሓው ይጨኻኸኑ
ብተመልከተለይ ይረጫጨኑ
ርሱን ውግኣት’ዩ ሓዲሩ
ሽዓን ኣብኣን፡ መሬት ቀቅድሚ ምቕታሩ።

ኣብኡ ኣይጸንሑዋን
ወረኣም ኣይሃቡዋን
ዘቕጽል’ምበር ዘምልስ ’ንታይ ኣለዋ
ብድድ! ቅናት ሸጥ! ግልብጥ! እናረኣዩዋ።
ኢዳ ኣይሃበትን፣
ጕዕዞ ቀጺላ
ሓደኡ ከየጣለለት፡
ከትቀብጽ ከመይ’ላ!?
ይሃልዉ-ኣይሃልዉ፡
ከትምለስ ኣጣሊላ
ሓመዳ ከይነገፈት
ከደት፣ ግልብጥ ኢላ፤
ናብ ዝሃባ፣ ከም ዝሃባ
ዕዝር ድዩ ሃጽ፡ ኣንቈልቍላ. . .
ምስ ውሽጣ ምጕት ኣልዒላ
“ናተይ ድዮም ናይ ግዜ፧
ኣብ ምዕባዮም ድየ ኣቢሰ፧
’ኳ ምሳይ ዘይተማኸሩ!
ደቀይ ’ናበልኩ ኣደይ ዘይበሉ!

ግዜ! ግዜ! ግዜ ሓይሉ
ግዜ ስዒሩ።"
ብርቱዕ ው'ግኣት፣ ከቢድ ዋጋ ዝተኸፍሎ
ምድረ-ሰማይ መሲሉ ጸለሎ
ሜዳ ኤርትራ ኣብ ከቢድ መዋጥሮ
ኰናት-ንዅናት ዕረፍቲ ዘይነበሮ
ድምጺ ውዳቖ ብረት
ራሕቂ'ኳ ኣይነበሮ
ቃንዛ ኣውያት
መን'ሞ ይሰፈሮ?!
በዝን በትን፣ ቶግ-ተሮግርግ፤
"በሎ! በሎ! ከምብሎ
ትከምበል ኣደኡ
ኣፍልጦ ሓደኡ
ካብ ኣበየ ምልዛብ ሃዲኡ. . .
መትከል መትከል'ዩ፣ መትከል ሓያል
ሓው ኣይፈሊ ሓውቲ
ጸረ-መትከል፡ ኩሎም'ዮም ጸላእቲ።

ይጨራገፉ - ይራገፉ!
ይናደሩ - ይናደዱ
ይሕንሕኑ - ይጭድሩ!. . .
ሃንደበት፡ ሸቖ ዘበላ
'ኣደ ኣይትርአ' ዘብል ኲነት ተቐበላ፣
ሰሚዓ ድምጺ
ናይ ውላዳ ዝመሰላ
ኣብ ማእከል'ቲ ብርቱዕ ነውጺ
ከም ማዕበል ንፋስ ዝፋጺ
ጸጥ፡ ኣብ መሬት ተሰትየት ክትጸናጸን
ከይትጋግዮ ዝወለደት ማህጸን።

ናይ መን ምዃኑ እንታይ የገድሳ
ኩላቶም ሓደ ኣልቦ መለሳ
ብድሕነታ ኣይሰግአትን እዛ 'ደ
ሰጋእ ኣይበለትን ደብዳባት 'ናወረደ
እንታይ ይዓጅባ ዝወለደት ማህጸን
ደቃ ኣብ ሓዊ ድሕነት ኣይትጽበን።

- ፲፯ -

ኣጋ ግዜ'ዩ።
ከቢድ ውግእ ጽሕዩ
ኣደኡ ዝጸልኣትሉ ተወጊኡ. . .
ደምዩ. . .
ተሰዊኡ።
መሬት ጸጥ፡ ሃዲኡ፣
ዘይጽቡይ ጥፍኣት ዘኸተሎ
ፍጹም ጽልኣት ሰፊኑ እንከሎ፤
ነጠብጣብ ደም
ጅላድ ኣካላት
ሽታ ባሩድ
ሽታ ጽልኣት. . .
እናተሳገረት፡ እናተሻቐለት. . .
ምስሊ ደቃ እናሰኣለት
ኣብ ሓንቲ ከሳድ ህሩግ በለት።

ጽምሉው ገጽ፡ ተስፋ ኣልቦ
ምስ ውሽጡ ዝጸባጸብ
ሕልናኡ ዝዓረቦ
ትርጉም ዝሰኣነ
ናይቲ ቓታ ዝሰሓቦ. . .
ጸላኢ ኣብ ዘይብሉ
ሓድሕድ ውግእ ዘረብረቦ
እዩ ጸኒሑዋ፡
ሓቲትካ መልሲ ዘይርከቦ።

ድሕሪ ነዊሕ ትጽቢት
ነዊሕ ስቓታ
ድሕሪ ነዊሕ ምጉት
ነዊሕ ዝግታ
ናብ ውነኣም ምስ ተመልሱ
ኣባላት ናይታ ጋንታ

ሓደ ዓይነት ሬሳ
ዝተዛሕዝሐ ኣብ ባይታ
ሓደ ዓይነት ደም
ዝዛረየ ገበታ
ሰጊራ’ያ ’ታ’ደ
ውትፍ ዝበለቶም
ንተጋደልቲ ደቃ።

ሓቲታ-ሓታቲታ
ኲላቶም ናታ
ደሃይ ረኺባ ኸኣ
ናይቶም ሕደ ማንታ
ብሮት ዘላቶም
ከምታ ናይ ምዕጉርታ፣
ይትረፍ ካልእ ሰብ
ባዕላ እትጋግዮ ምስሎም
ኣብ ኲናት ሕድሕድ ኣርኪባቶም!

ክልተ ኣሕዋት
ሓደ ምስሊ፣
ኣብ ሓደ ግንባር
ነንበይኑ ገድሊ፣
ንሓደ ዕላማ
ነንበይኑ መረዳእታ፣
ንሓደ ውግእ
ነንበይኑ ዋልታ፣
ቀጻሊ ምፍጣጥ
ሕድሕድ ምቅልላዕ፣
ቀንጻሊ ምውጣጥ
ሕድሕድ ምጥቕቓዕ፣
ኣብ ሓደ ባይታ
ነንበይኑ ረምታ. . .
’ቲ እምባ ፍልልዮም
ኣህሲሱዎ ንምስሎም
ከም ዘየዕበየት
ኣጥባታ ’ናበራረየት

ሓደ ከኾኑላ፣ ክሰምሩላ
ሰመረን ኣስመሮምን፡
ከም ዘይሰመየት
ኣብ ከቢድ ጽልኢ
ሓው ዘይፈልጥ ገድሊ
ሓደ ናብቲ ሓደ 'ናነጸጸረ
ብተመልከተለይ ዒላማ ዝገበረ. . .
ብቐሊሉ ዘይጠፍእ እሳት
ሰራም በሰላ ጥፍኣት
ሃልሃል 'ናበለ ጓህሪ
ጸልማት እንከሎ ቐትሪ
እያ ኣርኪባትሎም
ኣብ ጥርዚ ጽንካረ ገድሊ።

ፍጹም ዘይገመተቶ
ኣብ መንፈሳ ቦታ ዘይሃበቶ፤
ሓደኦም 'ሓርነት'፡
'ህዝባዊ' ሓደኦም
ኰይኖም ምስ ጸንሑዋ
ረፈጥ በለት፤
ምእማኑ ከቢዱዋ።

ኲናት ሓድሕድ

## ጥብቆታት

## ብዛዕባ ንመስዋእቲ ዝገልጹ ግጥሚታተይ. . .

ካብ መጽሓፍ ሕሩይ ግጥምታት "ሰብ ዲኻ?!"፡ 'ኣብቲ ቑብሪ' እትብል ግጥመይ ዘንበበ ደራሲ መጽሓፍ "ተደጐል"፡ ማሕሙድ ኢብራሂም፡ "እዚ ቑብሪ'ዚ ናይ ስዉእ ክኸውን ኣለዎ!" ኢሉኒ። እወ ወይ ኣይፋል ኣይበልኩዎን። ኣስተማቓሪ፡ ንግጥሚ ብዓይኒ ገጣሚ ዘይኰነስ ብዓይኒ ገዛእ-ርእሱ እዩ ከስተማቕራ ዘለዎ እዩ ዝበሃል። ማሕሙድ ዝሃቦ ደረጃ ምስትምቓር ግን ኩሉ ግዜ የሕስበንን ነታ ግጥሚ ዝያዳ ከም ዝፈትዋ ይገብረንን። ገለ ካብታ ግጥሚ፣

**ኣብቲ ቑብሪ**

ጸጥታ ሰፊኑ፡ ጸጥታ መቓብር<br>
ኣብቲ ቑብሪ፡ ወይከ በጨቕ ዝብል<br>
ፊፍ. . . የለ እሕሕ. . .<br>
ኣስቅጥ!<br>
ክሕይል'ዚ ጸጥታ መቓብር።<br>
(. . .)<br>
ሃንደበታዊ ማሕታ፡ ሰርቢ-ነጐዳ<br>
ብላዕሊ መጸ፡ ሰይሩ ስቕታ<br>
ተኣዋዲ ዘይኰነስ ኣዋዲ'ዩ ዓሪፉ 'ታ።

ማሕሙድ ነቲ ዘልዓሎ ምጒት ዝድግፍ ምኽንያት ከቕርብ እንከሎ፡ "ዝእውድ'ምበር ዘይእወድ ስዉእ ጥራይ እዩ፣ ብዋዕዋዕታ፡ ብብኽያትን ኣውያትን ዘይንቕብሮ'ውን ስዉእ ጥራይ እዩ፣ ቀብሪ ስዉእና ጸጥ ዝበለ ስቕታ ዝኽረ-ሰማእታት እዩ ዘሰንዮ፡" ኢሉኒ። በዚ ኣበሃህላ'ዚ፡ ልዕሊ ነታ ግጥሚ ክጽሕፍ እንከለኹ ዝነበረኒ እዩ ውሽጣዊ ስምዒተይ ገንፊሉ።

ስለዚ፡ ንዝእውድ'ምበር ዘይእወድ፡ ህይወቱ ምእንቲ ራህዋ ሓፋሽ ኣበጅዩ ንዝስዋእ፡ ኩሉ ድሕሪ ሃገር ኢሉ ንሞት ንዝቀዳደም፡ ከም ሰብ ንዓይ ይጥዓመኒ፡ መሪሩኒ፡ . . . ከይበለ ምረት ሓፋሽ ተቐቢሉ፡ ንስለ ሃገር፡ ንስለ ህዝቢ፡ ንስለ ክብረት፡ ንስለ መሰል፡ . . . ንዓመታት ከርተት ኢሉ ዝስዋእ ሰብ ደኣ'ሞ እንታይ ኢልካ ክትገልጾ ትኽእል፧ እዚ ሕቶ'ዚ ወትሩ ኣብ ኣእምሮይ ይመላለስ'ሞ ዝበቕዖ መልሲ ግን ኣይረኸብሉን። ብርግጽ ኣመና ከቢድ ሕቶ'ዩ።

ነቲ ሕቶ እናሻዕ ብምድግጋም፡ ሓንቲ ሓሳብ ግጥሚ ኣልዒለ። ወትሩ “ንዝኽረ-ሰማእታት ሓፍ ንበል!” ተባሂልና ናይ ደቒቕ ደው ኣብ እንብለሉ፡ ኣብዛ ሓጻር ግን ረዛን ናይ ዝኽረ-ሰማእታት ደቒቕ እንታይ ንብል ንኸውን ዝብል ሕቶ ብቐጻሊ ብምልዓል ኣብ 20 ሰነ 2016 ኣብ መቓብር ሓርበኛታት ዝቐረበት ግጥሚ - ድምጺ ስቕታ - ኣዳልየ። እስኪ ንሕሰብ፣ ርእስና ጠቒስና ንሕናን ውሽጢናን ጥራይ ኣብ እንራኸበላ፡ እንምጒተላ ናይ ዝኽረ-ሰማእታት ደቒቕ እንታይ ኢና ንዝክር፧ ንተግባራትና ከመይ ንግምግም፧ እቶም ኣብ ውግኣት ናጽነትን ምክልኻል ሃገርን ብጾቶም ዝኸፈሉ፣ እታ ሰብኣያ፡ ውላዳ፡ ሓዋ፡ ሓፍታ፡ . . . ዝኸፈለት ኣደ፣ እቲ ወለድቱ ዝኸፈለ/ት መንእሰይ፡ . . . እንታይ ክዝክሩ ይኽእሉ፧ ኲታ ኩሉ'ቲ ንመሰል ርእሰ-ውሳነን ምክልኻል ሃገርን ካብ መግዛእቲ ጣልያን ጀሚርካ ክሳዕ ምውሓስ ልኡላውነት ዝተኸፍለ ተደራራቢ መስዋእቲ ህዝብና፡ ክትገልጾን ክትግምቶን ዘይትኽእል ስለ ሃገርካን መሰልካን ዝኸፈል ናይ ሓበን ታሪኽ'ዩ መሊኡ ዘሎ። ‘ድምጺ ስቕታ’ እምበኣር፡ ዝሓለፈ መሪር እዋንን ንዕኡ ዝሰዓረ መኸተን ክንዝክርን ተግባራትና ብመንጽሩ ክንርእን እትድርኽ ኰይና ትስምዓኒ። ገለ ክፋል ናይታ ግጥሚ፤

(. . .)

‘ታይ ንዕደዮ ህይወቱ ዝኸፈለ

ምእንታና መሮር ዝሓደረ፧

‘ታይ ንዕደዮ ከምዚ ከማና ሰብ

ንፍትሒ፡ ራህዋ፡ ስልጣነ፡ . . .

ምንጻፍ ዝኾነ!፧

ኣብዛ ናይ ደቒቕ ዝኽሪ

ዕላል ምስ ሰማእቲ

ዕላል ምስ ውሽጢ

ከመይ ነካውኖ

ኣብ ዝነቕሐ ውኖ

እንታይ'ዩ ‘ቲ እንብሎ፧!

እቲ ንሰማእታትና እንዕደዮ ኣመና ብዙሕን ረዚንን እዩ። ኣብዛ ብረብሓታት ንዓይ-ንዓይ ዝተጐብአት ዓለም ወይ ህይወት ደቂ-ሰብ፡ ውዕለት ናይቶም ምእንቲ ክብረትን ክብርታትን ሕብረተሰቦም ህይወቶም ዝኸፍሉ ክትገልጽ ምፍታን ቀሊል ዕማም ኣይኰነን - እቲ እንኮ መግለጺኡ ኸኣ ንሕድሮም ዝበቅዕ ተግባር እዩ። ህይወት እታ እንኮ መተካእታን መለሳን ዘይብላ ህያብ

ፍጡራት እያ። ፍጹም መተካእታ ዘይብሉ ነገር ምእንቲ ረብሓ ካልኦት ዝኸፍል ሰብ ደኣ'ሞ እንታይ ኢና እንዕደዮ፧ ክንምልስ ዘይኮነስ ኩሉ ግዜ ክንሓስበሉን ከተሓሳስበናን ዘለዎ ሕቶ'ዩ። ምኽንያቱ፡ ዝገበርና እንተ ገበርና፡ ንውዕለቶም ዝበቅዕ ክንገብር ኣይንኽእልን ኢና። ህይወቱ ዝኸፍለልካ ከቢድ ሕድሪን ዕዳን ከም ዘሰከመካ ርዱእ'ዩ። እንታይ'ዩ እቲ ሕድሪ፧ ብኸመይ እዩኸ ዝፍጸም፧. . . ኩሉ ግዜ ኣብ ውሽጥኻ ክህሉ ዘለዎ ሕቶ።

ኣብ መቓብር ወተሃደራት እንግሊዝ (common wealth) ኣብ ከረን ሓንቲ ካብ ዝኸረይ ዘይትሃስስ፡ ኣብ ልዕሊ መቓብር ናይ ሓደ ወተሃደር - ኣብ ማርሞ ዝተወቐረት - ኣበሃህላ ኣላ፤ "when you go home, tell them of us and say, 'for your tomorrow we sacrificed our today!" (ናብ ዓዲ ምስ ተመለስኩም ንጽባሕኩም ክንብል ሎሚና ከም ዝኸፈልና ንገሩልና)። እዚ መቓብር'ዚ ናይ ሓደ ካብ ርሑቕ ሃገር፡ ካብ ስግር ኣህጉር መጺኡ ኣብ ካልኣይ ኲናት ዓለም ዝሞተ ሰብ እዩ። ኣብ ኤርትራ ኸኣ ተቐቢሩ ኣሎ። እዚ ተንካፊ ጽሑፍ እምበኣር ንዘንበቦ ዓቢ መልእኽቲ ኣለዎ። ንጽባሕና ክብል ሎሚኡ ንዝኸፈለልና እንታይ ንዕደዮ፧ ሰብ ምኽኒና ከይተርፍ፡ ከይንስሕት፡ ከይንርስዕ፡ ከይንጋገ፡ ከይንዕግብ፡ . . . እንታይ የድልየና፧ ዓለም ድሕሪ'ቲ ብኹሉ ሸነኻቱ ኣዕናዊ ዝነበረ ካልኣይ ኲናት ዓለምን ቅድሚኡ ዝተኻየዱ ደማውያን ውግኣትን ዘይተማህረት ረሳዒት ስለ ዝኾነት ወይ ብረብሓ ስለ እትግዛእ'ዩ። መዘክርና እንታይ ይኹን፧

ፍሉይነት ሰማእታት ኤርትራ፡ ወትሩ ኣብ መሬቶምን ንመሬቶምን፡ ንኽብረቶምን መሰሎምን ምስዋኦም እዩ። ዶብ ሰጊሮም፡ እንዳ'ማቶም ብሂጎም ኣብ ፈቓዶኡ ኣይወደቑን፣ ኣብ ታሪኾም ወረ ወራርን ግበታን የለን። ኩሉ'ቲ ህዝቢ ኤርትራ ዝኸፈሎ ልዕሊ ዓቕሙ መስዋእቲ ንመሰሉን ንመሬቱን ኣብ መሬቱን እዩ። ኣብ መሬት ኤርትራ ክንደይ ወራሪ ሓይሊ ከም ዝሃለቐ ንፈልጥ። ክንደይ ሰብና፡ ካብ ውሑድ ቍጽርና ኣብ መኸተ ተሰዊኡ ኸኣ ኣጸቢቕና ንፈልጥ ኢና። ሰባት ብባህሪና ረሳዕቲ ኢና'ዩ ዝበሃል። ዘይርሳዕ ክንርስዕ ግን ኣይግብኣናን። ስለዚ፡ ኩሉ ግዜ መዘኻኸሪ ክህልወና ኣለዎ።

ኣብ 2011 ኣብ ናቕፋ ኣብ ዝነበርናሉ፡ "ጸበል ናቕፋ ንጸጉለይ" ናይ እትብል ግጥሚ ሓሳብ ኣንቂሉ። ኣብ ናቕፋ ኢና ዘለና - ኣብቲ ኣንደራት፡ ኣብቲ ቃልዕ ድፋዓት፡ ኣብቲ ካናለታት፡ ኣብቲ ስንጭሮታት፡ ኣብቲ ጐቦታት - ኣብ ኩሉ ኸኣ ከቢድ መስዋእቲ ሓላላት ተኸፊሉ። ነፍሲ-ወከፍ ትረግጾ ሓመድ፡ እምኒ ናይ ገዝእ-ርእሱ ታሪኽ ሰኒዱ'ዩ ሓሊፉ። ስለዚ፡ ህይወት ብሉጻት ዝወደቑ ሓመድ ደኣ'ምበር ተራ ሓመድ ኣይኮነን። እዚ ሓመድ'ዚ እምበኣር ጸበልና'ዩ። መንፈስን ሕድርን ሰማእታትና ኣብኡ'ሎ። እዚ ብቐሊሉ ክንሰማምዓሉ ንኽእል።

ካብዚ ተበጊሰ ነታ ግጥሚ - ደሓር ኣብ 20 ሰነ 2015 ኣብ መቓብር ሓርበኛታት ዝተነበት - "ጸበል ናቕፋ ንጸጉለይ" ጽሒፈያ። ናቕፋ ትእምርቲ ጽንዓትን መኸተን እያ። ኣብ ታሪኽና ናቕፋ ወካሊት ናይቲ ኣብ ኲሉ መሬት ሃገርና ምእንቲ ናጽነት ዝተኸፍለ ከቢድ ዋጋ እያ። ንጽንዓት፡ ብጻይነት፡ መስዋእቲ፡ ጅግንነት፡ ዘይተሰዓርነት፡ መትከል፡ ዕላማ፡ ሃገራዊ እምነት፡ . . . እትውክል ብዝሒ መስዋእቲ ዝረኣየት ድፋዕ ሰውራ'ውን እያ። ስለዚ፡ ሓመዳ ብጥንቃቐን ንቕሓትን ክተሓዝ ኣለዎ። እዚ ሓመድ'ዚ፡ ከምቲ ሓደ ኣማኒ ምስ ሓመመ ናይቲ ዝኣምነሉ መልኣኽ ጸበል ዝልከ፡ ዝሰቲ፡ ዝሕጸብ፡ . . . ንሕና ኤርትራውያን ብሓባር ሕድሪ ሰማእታት'ዩ ጸበልና፡ ሰማእታት'ዮም ናይ ሓባር እምነትና። ስለዚ፡ እንተ ኣቢስና፡ እንተ በዲልና ወይ ንኸይንእብስ፡ ንኸይንርስዕ፡ ካብ መስመርና ዘልሓጥ ንኸይንብል፡ ጸበል ሰማእታት ከንጽሃናን ከዘኻኽረናን ኣለዎ።

ሕጂ'ውን፡ ኣባል ሓይልታት ምክልኻል፡ ማሕሙድ ኢብራሂም፡ ዘይኣመሉ (ብፍቓድ'ዩ) ኣብ ኣስመራ ንነውሕ ዝበለ ግዜ ምስ ጸንሐ፡ "ሎምስ እባ ኣስመራ ፈትያትካ!" ኢለዮ ምሉእ ህይወቱ ኣብ ገድልን በረኻን ምኧኑ ኣብ ግምት ኣእተየ።

"ስማዕ፡ ወተሃደር ገዝኡ ደኣ እንተ ፈትዩ 'ጸበል ናቕፋ' የድልዮ ኣሎ ማለት'ዩ" ኢሉኒ። ብድሕሪኡ፡ ኣብ ዝተፈላለዩ ቦታታት 'ጸበል ናቕፋ' እትብል ሓረግ ክትደጋገም ሰሚዐ። ኲላትና ኤርትራውያን - ኣስላምና ክርስትያንና፡ ቀያሕትና ጸለምትና - ብሓባር እንልከዮ ጸበል፡ ጸበል ሰማእታትና እዩ። ናቕፋ ኸኣ ትእምርቲ ቃልስናን ጽንዓትናን እያ። ስለዚ፡ ጸበል ናቕፋ ንጸጉለይ እትብል ግጥሚ ጸበል ኲሉ ጀጋኑ ዝወደቑሉ መሬትን መትከልን ኤርትራ እዩ ዝውክል ወይ ክውክል ዘለዎ።

ኣቐዲመ ኣብ 20 ሰነ 2009፡ "ኣይተንብዑዋ፡ ትንባዕ ግደፉዋ!" እትብል ግጥሚ ኣቕሪበ ነይረ። ሽዑ ንመስዋእቲ ብዓይኒ ወላዲት ወይ ኣደ እየ ክርእዮ ደልየ። ድሕሪ'ቲ ኣብ 2008 ዝተኻየደ ዝኽሪ 20 ሰነ፡ ናብ መቓብር ሰማእታት ኣቲና ህዝቢ ምስ ሰማእታቱ እናዕለለ፡ ካሜራ ሒዘ እስእል ነይረ። ካብቲ ብዙሕ ዝሰኣልኩዎ፡ ናይ ሓንቲ ኣደ ኣቓልቦይ ስሒቡኒ። ስም ስዉእ ዝተጻሕፎ ማርሞ ሓቝፋ ብንብዓት ተሓጺባ ርእየያ። ሽዑ፡ "እዛ'ደ እንታይ ኰይና ትነብዕ ትህሉ፧" ዝብል ዝተንከፈኒ ሕቶ መጺኡኒ። ኣብ ዓመቱ ኸኣ ኣይተንብዑዋ/ኣይነንብዓያ እትብል ግጥሚ ከዳሉ ኣሎኒ ኢለ። ገለ ካብ ትሕዝቶኣ፤

(. . .)

'ተ ነብዐት ዘዘኪራ

ቦኸርን ሕሳስልደን እንድያ ከፊላ

ናፊቓ ብቐሊ ማህጸና፡ ዕግበት ልባ ገንፊሉ
ምልኣት መንፈሳ ዛርዩ፡ ራሕሲ 'ተውሓዘ
ኣይትንብዒ ኣይትበሉዋ ንብዓት ዝኽሪ!
ጥራይ. . .
ንብዓታ ከይከውን ዓው ኢልካ ዘይብከዮ ሞት ሕጹይ
ነጠብጣብ ውሒጡ ራሕሲ ዘባድም
ከይህልዎ ናይ ምቕዛም ቃና
ኣንጠብጥብዎ ርሃጽኩም
ዓስቢ መስዋእቲ ሕሩያት ህነጹላ ኣደራሻት
ክትነብር ከይነብዐት፡ ሓበን እና'ውሓዘት።

ቀጺለ'ውን፡ እታ "መቓልሕ'ዚ ቦታ" እትብል ግጥሚ ኣብ 2018 ኣዳልየ። ንምጥቃስ፤

"ንኣኣን ስሌኣን፡ ኣብኣን ብኣኣን
ንምሕል ንጥሕል፡ ንምርሽ ንቕጽል
ንሳ'ያ ጒዕዞና፣ ንሳ'ያ ምዕራፍና፡"
ኢለን ዝወደቓ፡ በደል ንኸውድቓ
ጥንቅቕ ንበል 'ዞም ንነብረላ
ጽላል'ኳ'ብልና ብዘይ ጽላላ
ጋቢ ደርቢ'ኻስ ብነጸላ!

(. . .) ኣንቢብናዮ'ዶ 'ዚ ዛንታ
ኣዳሚጽናዮ'ዶ 'ዚ ስቕታ
ብዘይሃነፍነፍ - ብዝግታ
ብዘይደርገፍገፍ - ብረምታ!
ሰሚዕናዮ'ዶ 'ዚ ጸዋዕታ
መቓልሕ ናይዚ ቦታ!

---

እዚ ጽሑፍ'ዚ፡ ከፍሊ ኢሚግሬሽንን ዜግነትን ብምኽንያት 20 ሰነ 2019፡ ኣብ ዘዳለዎ ናይ ዝኽሪ መደብ ዝቐረበ እዩ።

## ብዛዕባ "ሰብ ዲኻ?!" ካብ ዝተባህለ . . .

ግጥምታት ኤፍረም ሃብቲ ሓሳባት ዝንጸባረቕን ስእለ-ኣእምሮ ናይ ምፍጣር ሓይሊ ዘሎዎን ስራሓት ኰይኑ ረኺበዮ። ኣብ ቅርጹ ካብቲ ክላሲካዊ ስነ-ግጥሚ ትግርኛ ቅሩብ ውጽእ ዝበለ ምዃኑ ድማ፡ ብዛዕባ ስነ-ግጥሚ ትግርኛ ንዘሎ ሞያዊ ክትዕን ዘተን ዘስፍሕ ሓደ መርኣያ ገይረ እወስዶ

ሰሎሞን ጸሃየ

ገጣሚ ካብ ትኩር ኣጠማምታ ህይወቱ ተደሪኹ፡ ካብ ተመኩሮኡ ንዝሓረዮ፡ ግን ከኣ ፍቕቕ ኣቢሉ ኣንባቢ ኣትዩ ክጒርጒር ብዝዕድም መጠመቲኡ፡ ምስ ኣባጽሕ ሓሳባቱ ኪጋጥሞን ክገጥሞን ምኽኣሉ ብልጫ ናይዚ መጽሓፍ'ዩ ኢለ እኣምን። ብተወሳኺ ኣንባቢ፡ ደው ኢሉ ክሓስብን ክስተንትንን፡ ብጽባቐ ግጥሚ ዝተኸፍተሉ መርኣዩታት ኣቢሉ ምስ ገጣሚ ክራኸብን ክማጐትን፡ ምስ ገዛእ-ነብሱ ኸኣ ክተሓታተትን ናቱ ከቕርብን ዝድረኽ ምዃኑ'ውን ተወሳኺ ሓይሊ እዩ። መጽሓፍ "ሰብ ዲኻ?!" እምበኣር፡ ነቲ ዓይነታዊ ዋሕዲ ዘለዎ መጽሓፍቲ ግጥሚ ትግርኛ (ሃገርና) ሓንቲ እኽልቲ መወሰኺታ ክትከውን ትበቅዕ'ያ ኢለ እግምግም።

ኣኽደር ኣሕመዲን

ዳርጋ ነፍሲ-ወከፍ ግጥሚ ምስ ኣንበብካ፡ ሰገጥ ኢልካ ክትፈትሖ ዘለካ ናይ ምርምር ግድል ይገጥመካ። ከይተመራመርካን ከየተሓሳሰበካን ዝሕለፍ ግጥሚ ከም ዘይቅርብ ኣብ መእተዊኡ ኣንፈቱዎ ኣሎ፣ ዝኸተሎ ሓሳብ ሃሰስ ክትብል ከኣ ትግደድ። (...) ብሓጺሩ፡ "ሰብ ዲኻ?!"፡ ሕሩይ ግጥሚታት ኤፍረም ሃብተጽዮን፡ ናይ ምርምር ግጥሚታት እዮም። ግሩም መበቈላውነት፡ ግሩማት ሓሳባት፡ በዳህቲ ሕቶታት ህይወት፡ ዝሓዙ ግጥሚታት።

ማና ባህረ

"ሰብ ዲኻ?!"፡ ዊንታን ኣተኩሮን ሰፊሕ ኣንባቢ ክረኽቡ ዝኽእሉ፡ ሰፋሕቲ ዛዕባታት፡ ዳርጋ ኵሎም ዓይነት ስምዒታት - ፍቕሪ፡ ሓጐስ፡ ሓዘን፡ ዝኽሪ፡... - ዘገንፍሉ ቅንየታት፡ ንሓታቲ ኣእምሮ ዝገጥሙን ዘሕስቡን ሓሳባት፡ ንዘተን ክትዕን ዝዕድሙ ስግንጢራት፡ ከምኡ'ውን ሪም ማእከል ዝገበሩ ታሪኻውያን ዛዕባታት ኣቕሪባ'ላ። "ሰብ ዲኻ?!" ኣብ ዓውዲ ግጥሚ ሃገርና ስጉሚ ንምምላእ ትጽንበር ኣላ'ሞ፡ ምስትምቓርን ህየሳን ኣንበብትን ከኢላታት ናይዚ ዓውድን ክሽልማን ክብድሃን እምነ።

ሳምሶም ብርሃነ

ግጥሚ ኣብ ሕብረተሰብ ትግርኛ ልዕሊ ዝኾነ ጅር ስነ-ጽሑፍ ዝተፈልጠን ዝሃልኸን ክንሱ፡ ብመልክዕ መጽሓፍ ዝተሓትመ ግን ካብ ከባቢ ዓሰርተ ኣይሓልፍን። ብሕልፊ ብሚሐ እንክንፈ፡ እቲ ዓይነታዊ ሒደት እዩ። እዚ “ሰብ ዲኻ?!” ዝተሰምየ እኩብ-ግጥሚታት ከኣ ንቕጽሪን ዓይነትን ሕትመት ግጥሚ ክሕወሶ እንከሎ፡ “መዝሙር ተጋዳላይ”፡ “ሳሕል”፡ “ጸጋ”፡ “ለሚን-ለሚነይ”፡ “ድሃይ ኣሎና”፡ “ዘሎ’ዩ ዝህሉ”፡ “ድሕሪ ማዕጾ”፡ “ጽሕፍቶ”፡ ወዘተ. ዝብሉ መጽሓፍቲ እንቋዕ ደሓን መጸእካ እናበሉ ከማሙቑዎ ይርኣየኒ። እዚ ንዝተፈላለየ ሓሳባት፡ ትዝታታት፡ ፍቕራዊ ስምዒታት፡ ምስትምቓራዊ ገለጻታትን ኣስተብህሎታትን... ዝሓቖፈ መጽሓፍ፡ ኣብ ሸሞንተ ምዕራፋት ዝተኸፋፈለ 72 ግጥሚታት ዝሓዘ እዩ።

ስነ-ጽሑፍ ካብ ተራ ይኹን ስሩዕ ዘረባ ዝፈልዮ ቅርጹ እዩ። ኣብ ግጥሚ’ውን ቃላት ግጥማውያን ዝኾኑ፡ ኣድማዕቲ ክኾኑ ዘኽእሎም ቅርጺ ምስ ዝሕዙ እዩ፣ ውህደትን ልክዕነትን ስለ ዝህቡዎ። እዚ መጽሓፍ’ዚ ኸኣ ደረጃ ብቕዓቱ ዝፈላለ ቅርጺታት ተጠቂሙ ኣሎ። ገለኡ ልሉይ፡ ዝበዝሕ ከኣ ፍኑው ቅርጺታት ይርከቦ። ከም “ሰብ ዲኻ?!”፡ “ሓደርካ”፡ “ታይ እዋን”፡ “እንታይ ክሸውን ተፈጢረ”፡ “ብላዕ-ብላዕ”፡ “ከምዚ” ዝኣመስሉ ግጥሚታት ብንውሓቱ፡ ዓቐን-ረምታኡን ናዕታዊ ቅድወቱን ዝተመጣጠነ መልክዕን ቅርጺን ረኺቦም ይንበቡ። ገጠምቲ ኪኖ ጥረ ሓሳቦምን ስምዒቶምን ምግላጽ ተለላዪ መልክዕን ቅርጺን ክጥቀሙ እንከለዉ፡ ንመጕት ሓይሊ ንስምዒት ከኣ ባህታ ዝፈጥር እዩ።

ገጠምቲ ካብ ልሙድ ቅርጺ ርሒቖም ንናዕታ፡ ረምታ፡ ስውያ-ንግግር... ኮታ ንባእታታት ግጥሚ እናኣባራረዩ፡ እንሓንሳእ እናሓደጉ ብዝተፈላለየ ፍኑው ቅርጺ ግጥሚታት ክጽሕፉ ይኽእሉ እዮም። ኣብዚ መጽሓፍ’ውን መለሳ ዝፈጥር ፈተነታት፣ ምቕሩጽ መስመራት፡ ምፍልላይ ዓቐን ረምታ፡ ምግፋሕ ጋግ ናዕታ፡ ምቛም ማይ-ቤት ኣብ ሓደ መስመርን ምህናጽ ማይ-ቤታት ብዝተፈላለየ ዓቐንን ወዘተ. ተራእዩ እዩ። ተኸምኪሞም ዝቐረቡ ግጥሚታት ብዙሓት ብምዃኖም ከኣ ንዝተኻየደሎም ጻዕሪ መስከርቲ እዮም።

ኣብ ምዕራፋት “ሞታዊ”፡ “ሪማዊ” ከምኡ’ውን “ዝኽሪኣዊ” ኣንባቢ ንስምዒታት ገጣሚ ምሉእ-ብምሉእ ክካፈሎ ዘኽእል ገለጻዊ ኣገባብ ክጥቀም እንከሎ፡ ኣብ ዝበዝሕ ከኣ ኣንባቢ ኣብቲ መስርሕ ምግጣም ምእንቲ ክሳተፍ፡ ቦታ ገዲፉሉ ይርከብ፣ ኣንባቢ ግደኡ ከይገበረ ምስትምቓር ገጣሚ ክወስድ ኣይክእልን። ቃላት ግጥሚ ንኮነተ-ህልውናና ዝገጥሙ ክኾኑ እንከለዉ፡ ኣብ ምስትምቓር ኣንባቢኦም ይጽንበሉ እዮም፣ ንነብሱ ንኽዛረበላ ስለ ዝሕግዙዎ ወይ ስለ ዘብቅዑዎ። በቲ ኻልእ ወገን፡ ኣብ ስምዒታቶም፡ ትዕዝብቲታቶም

ኰይኖም ንኣንባቢ ናብቲ ናቶም ቀጽሪ ዝዕድሙ’ውን ኣለዉ። ዝበዝሐ ቃናታት (Tones) ናይዚ እኩብ ግጥሚታት ከኣ ብሒቱ ብግጥሚ ናይ ዘዕልል ምስሊ ይህበኒ።

ዝበዝሐ እዋን ገጠምቲ ድምጺ ግጥሞም ምሉእ-ብምሉእ ዝረኽቡዎ ኣብ መስርሕ እዩ። ኣብዚ መጽሓፍ ከኣ ገጣሚ ገና ኣብ ሓያል ድልያ ከም ዘሎ ዝምስክር ዝተፈላለየ ድምጺታት፡ ፍኑው ቅርጺታት... ተጠቂሙ ኣሎ። ኣብዚ ንስነ-ግጥሚ ትግርኛ ምቕሉል ኣበርክቶ ዝኾነ ቀዳማይ መጽሓፉ ቌይሙ፡ ንግጥሚታት ትግርኛ ደረቱ ዝደፍእ ቅርጺታት፡ ድምጺታት ከምኡ’ውን ውሕጠቱ (His obsession) ሒዙ ዳግማይ ክመጽእ እትሰፎን እምነየሉን።

ሄኖክ ተስፋብሩኽ

www.ingramcontent.com/pod-product-compliance
Ingram Content Group UK Ltd.
Pitfield, Milton Keynes, MK11 3LW, UK
UKHW021827190726
13853UKWH00003B/1229